RUSLAN RYSKA 1
Tredje upplagan med fri tillgång til ljudfiler online

КАРТА РОССИЙСКОЙ ФЕДЕРАЦИИ
KARTA ÖVER RYSKA FEDERATIONEN

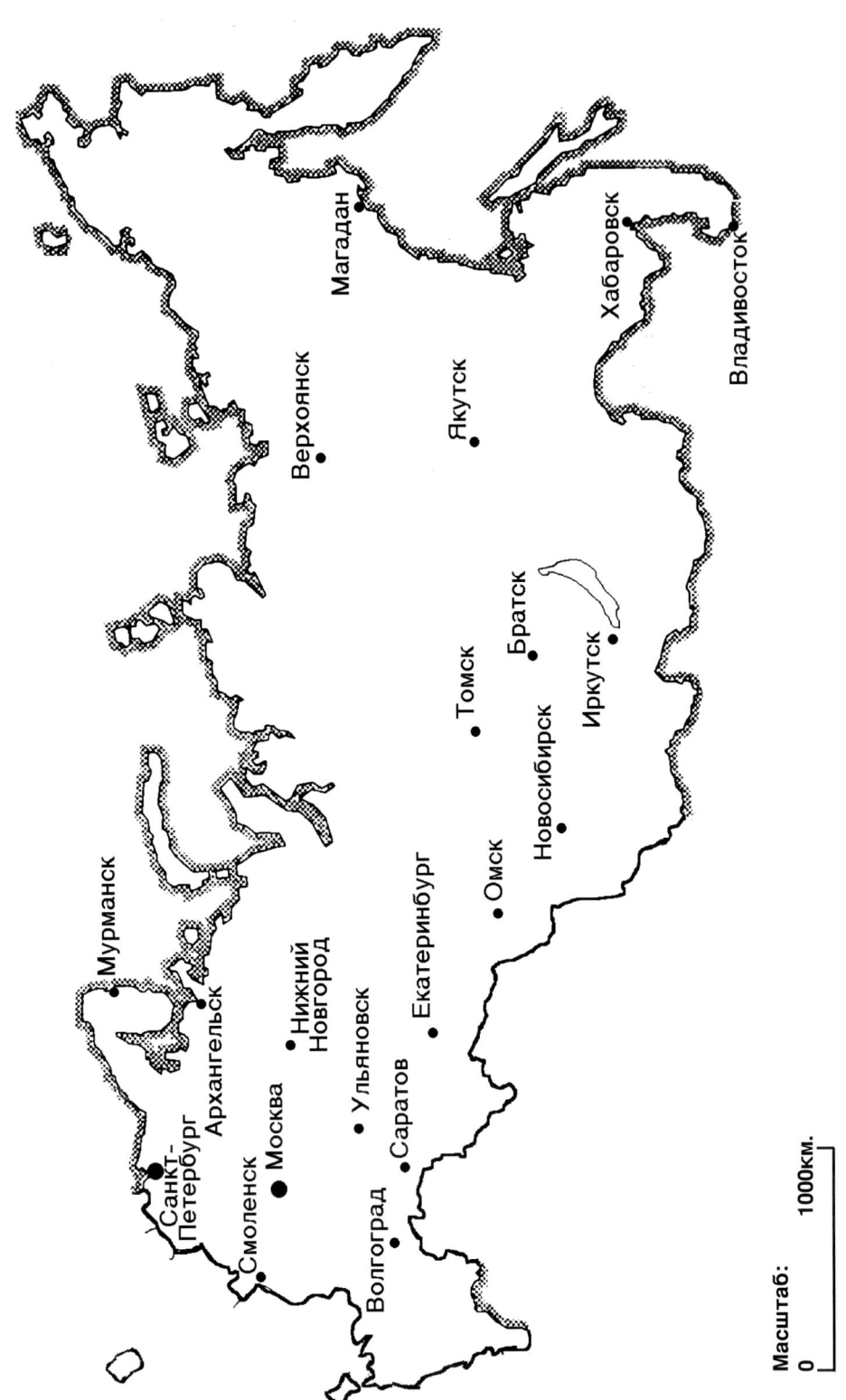

RUSLAN RYSKA 1   A1
Tredje upplagan med fri tillgång til ljudfiler online

Kommunikativ kurs i ryska av John Langran och Natalja Vesjnjeva
Översättning av Linnéa Markgren och Mats Nyström

Ruslan Limited
www.ruslan.co.uk

© Kopieringsförbud
Detta verk är skyddat av upphovsrättslagen. Ingen del av denna bok får kopieras utan skriftligt tillstånd från Ruslan Limited. Den som bryter mot lagen om upphovsrätt kan åtalas av allmän åklagare och dömas till böter eller fängelse i upp till två år samt bli skyldig att erlägga ersättning till upphovsman / rättsinnehavare.

Ruslan Ryska 1 Textbok 2021
Tredje omarbetade upplagan med fri tillgång till ljudfiler online
© Ruslan Limited 2005, 2007, 2013, 2021

ISBN 9781899785872   Ruslan Ryska 1 Textbok. Tredje upplagan
ISBN 9781899785896   Ruslan Ryska 1 Övningsbok
ISBN 9781899785841   Ruslan Ryska 1 CD

Ruslan 2 och 3 utgör fortsättning på kursen.

Ruslan Limited - www.ruslan.co.uk

INTRODUKTION

Många förväntar sig att ryska ska vara ett svårt språk att lära sig, och till viss del är detta sant. Om du har svenska som modersmål kommer du att finna färre ord som liknar svenska och fler nya grammatiska koncept i ryska än i de flesta andra europeiska språk. Men den extra ansträngningen är värd det, eftersom det ryska språket öppnar dörren till ett viktigt och fascinerande land med en rik kultur. Det ryska språket kan även visa vägen till andra slaviska språk.

Ruslan Ryska 1 har skrivits av lärare med stor erfarenhet av ryskundervisning för vuxna, barn och ungdomar. Metoden maximerar det roliga med att lära sig ett språk samtidigt som den ger en gedigen grammatisk och strukturell introduktion i ett praktiskt och kommunikationsbetonat sammanhang.

Kursen kan användas i lärarledd gruppundervisning och innehåller ett stort antal gruppaktiviteter och språklekar. Den kan också användas av dem som vill lära sig på egen hand, särskilt när den används tillsammans med Ruslan Ryska 1 Övningsbok.

Ruslan Ryska 1 har regelbundet uppdaterats och förbättrats sedan den först publicerades i Storbritannien 1995. Sedan dess har kursen publicerats i Nederländerna, Italien, USA och Kina. Ruslan Limited har också publicerat franska, tyska och svenska versioner. Den här fjärde upplagan inehåller ytterligare lästexter, sånger, dikter och översättningsövningar.

Ruslan Ryska 1 motsvarar helt kraven för Europarådets nivå A1 för språkinlärning.

John Langran studerade ryska vid Sussex Universitet och undervisade länge i Birmingham, där han också var föreståndare för Brasshouse Centre, Birminghams språkcenter för vuxna. Han har skrev BBCs ryska frasbok (1995) och arbetade senare på flera universitet och högskolor i europeiska Ryssland och i Sibirien.

Natalja Vesjnjeva föddes och växte upp i Moskva. Hon tog examen vid Moskvas pedagogiska institut och har undervisat i ryska vid flera olika skolor och centra för vuxenundervisning i Storbritannien.

Författarens tack
Tack till Natela Atkins, Olga Bean, Vassily Bessonoff, Katie Costello, David Harmer, Stef de Groot, Jelena Keys, Sergej Kozlov, Emma Lamm, Jonathan Madden, Tanja Nousinova och till alla andra personer som har bidragit till denna kurs på olika sätt. Tack också till Wikipedia.

Teckningar av Piers Sanford och Anna Lauchlan. Handstilsexempel av Jelena Jefremova.

Tack till Rossica-körens medlemmar som spelade in huvuddelen av dialogerna och till Sergej Kozlov, Mikhail Kukushkin och Alexandra Menshikova för ytterligare inspelningar. Tack till Nadezjda Bragina, Valery Poljakov och L.M. O'Toole för deras sånger och till Brian Savin för ljudproduktionen av dialogerna.

Tack till Linnéa Markgren och Mats Nystrom för deras översättningsarbete.

John Langran, januari 2021

RUSLAN RYSKA 1 — SAMMANFATTNING

Ruslan Ryska 1 motsvarar kraven för Europarådets nivå A1 för språkinlärning.

Introduktionen till det ryska alfabetet ger en förklaring till varje bokstav och visar hur bokstäverna ska uttalas med hjälp av internationella ord som är lätta att känna igen.

De tio lektionerna innehåller:
- Innehållsförteckning där du kan kontrollera dina framsteg
- Serier som hjälper lärarna att introducera nya ord och tala om ämnet
- Dialoger för att introducera nya ord och nya meningsstrukturer när vi följer Ivan, Vadim, Ljudmila och deras vänner
- En ordlista med nya ord i den ordning de förekommer i texten
- Bakgrundsinformation och grammatiska förklaringar på svenska
- Läs- och skrivövningar
- Hörövningar med tillhörande texter längst bak i boken
- Talövningar med rollspelssituationer, förslag till parövningar och språklekar.
- Lästexter om Igors resa runt i Ryssland
- Översättningsövningar
- Några sånger och dikter för elever.

I slutet av boken finns facit till övningarna, grammatiköversikt, vägledning i uttal och interpunktion samt rysk-svensk och svensk-rysk ordlista.

Lärarhandledning och prov finns på www.ruslan.co.uk/teachers.
Support för elever och facit till övningarna finns på www.ruslan.co.uk/ruslan1.

Inspelningar av introduktionen till alfabetet, alla dialoger och hörövningar samt texter, sånger och dikter finns gratis på www.ruslan.co.uk/audiosv.

Ruslan Ryska 1 Övningsbok. 203 övningar för att understödja Ruslan Ryska 1. Dessa kan användas för indivuella studier eller i lärarledd grupp. Lärare kan använda övningarna muntligt i klassen eller för test/läxor.

Ruslan Ryska 1 Tecknade filmer
Dialoger, utdrag ur texter, sånger och dikter från Ruslan Ryska 1 som tecknade filmer finns gratis på www.ruslan.co.uk/ruslan1cartoons.

INNEHÅLL	СОДЕРЖАНИЕ

Kyrillos och Methodios — 11
Uttal och betoning — 11
Det ryska alfabetet — 12
Rysk handstil — 14

Lektion 1 - АЭРОПОРТ - Flygplatsen — 16
Det finns inga artiklar i ryska
Enkla meningar - verbet "att vara" finns ej i presens
Hur du ställer en fråga genom intonation
Maskulina och feminina substantiv
De possessiva pronomina мой / моя́ - "min" och ваш / ва́ша - "er"
Pronomina он - "han" och она́ - "hon"
Information: Moskva
Text: Igor på Pulkovo flygplats
Sång: «До свида́ния!»

Lektion 2 - УЛИЦА - Gatan — 30
я зна́ю och вы зна́ете - "jag vet" och "ni vet"
в och на i betydelsen "till" en plats
Imperativ: Скажи́те! - Иди́те! - Извини́те! - Чита́йте!
Neutrala substantiv och pronomenet оно́
Ordet есть i betydelsen "det finns"
Siffrorna 0-10
Information: Arbat, Bulat Okudzjava
Text: Igor i Saint Petersburg
Fotogalleri: Moskva och S:t Petersburg

Lektion 3 - СЕМЬЯ - Familjen — 44
Maskulina och feminina substantiv i genitiv singular
Stavningsregler för bokstäverna ы och и
Pronomina я och вы i genitiv (меня́, вас)
Prepositionerna из, от, до, для och у med genitiv
Genitiv vid нет
Genitiv singular vid siffrorna 2, 3 och 4
мо́жно och нельзя́ - "möjligt" och "inte möjligt"
Information: Ryska namn
Text: Анто́н и Ве́ра

Lektion 4 - ГДЕ ВЫ БЫЛИ? - Var har ni varit? — 56
Användningen av ты
Årets månader
Lokativ efter в och на i betydelsen "i" eller "på" en plats
Identifiering av infinitiv
Introduktion till preteritum
Den fullständiga böjningen i presens av verbet знать - "att veta"
Siffrorna 10-100
Information: Helgdagar i Ryssland
Text: У Анто́на и Ве́ры
Sång: «Из аэропо́рта как пое́дем ... ?»

Lektion 5 - ГОСТИНИЦА - Hotellet 70
Användningen av с i betydelsen "från"
Adjektiv i kortform: откры́т och закры́т - "öppen" och "stängd"
Böjning i presens av verbet говори́ть - "att tala"
Verbaspekter
у меня́ och у вас i meningen "jag har" och "ni har"
Veckans dagar
Information: GUM, Kreml, hotell
Text: Игорь в Новосиби́рске. Гости́ница «Новосиби́рск»

Lektion 6 - РЕСТОРАН - Restaurangen 82
Fler verb: хоте́ть - "att vilja", идти́ - "att gå"
Imperativ: да́йте, принеси́те
Mera om neutrala substantiv
Ackusativ i singular
Adjektiv i nominativ singular
како́й - "vilken", "hurdan"
Information: Det ryska köket.
"Ruslan och Ljudmila" av A.S. Pusjkin
Text: Игорь и Не́лли в рестора́не

Lektion 7 - О СЕБЕ - Om dig själv 94
Prepositionen o i betydelsen "om" som följs av lokativ
Maskulina och feminina substantiv som slutar med mjukt tecken
Neutrala substantiv som slutar med -мя
Это интере́сно! - "Det är intressant!"
Siffror över 100
Information: Floden Volga
Text: Жизнь Не́лли
Sång: «Люблю́ я борщ»

Lektion 8 - ВРЕМЯ - Tiden 107
Tiden i hela timmar
Substantiv och adjektiv i nominativ plural
Adjektivets kortform i plural. Det korta adjektivet ну́жен - "nödvändig"
Genitiv plural av maskulina substantiv
Det oregelbundna verbet мочь - "att kunna"
Information: Hur man telefonerar i Ryssland
Text: У Игоря нет де́нег

Lektion 9 - ТЕАТР - Teatern 120
Reflexiva verb i presens
Substantiv i dativ singular
Användningen av люби́ть - "att älska" och нра́виться - "att behaga"
Verbet игра́ть med в följt av ackusativ - "att spela" om sporter
Användningen av раз - "en gång"
Information: Operan "Snöflickan"
Text: В теа́тре
Sång: «Концéрт»

Lesson 10 - ДОМ - The house   132
Substantiv i instrumentalis singular
Stavningsregel som påverkar bokstaven o
Genitiv plural av feminina substantiv
Genitiv plural av maskulina och feminina substantiv som slutar på -ь
Genitiv plural av maskulina substantiv som slutar på -ж, -ч, -ш eller -щ
Verbet игра́ть med на följt av lokativ - "att spela" om instrument
Verbet спать - "att sova"
Böjning av personliga pronomen
Спаси́бо за ... - "Tack för ...." följt av ackusativ
Information: Boende i Ryssland
Text: На да́че

Sång: «Степь да степь круго́м»   146

Texter till avlyssningsövningarna   147
Grammatiköversikt   150
Ryskt uttal   154
Rysk interpunktion   155
Svensk-rysk ordlista   156
Rysk-svensk ordlista   166
Ruslans kursmaterial   176

Inspelningar	www.ruslan.co.uk/audiosv
Tecknade filmer	www.ruslan.co.uk/ruslan1cartoons
Facit till övningarna	www.ruslan.co.uk/ruslan1
Internethjälp för elever	www.ruslan.co.uk/ruslan1
Internethjälp för lärare	www.ruslan.co.uk/teachers

Inspelningar
Dialoger och texter markerade 🎤 finns på www.ruslan.co.uk/audiosv.
Alla dialoger, sånger och dikter samt de flesta texter finns också på cd-skivan.

För ljudspår som är markerade med "www", följ länken: www.ruslan.co.uk/ruslan1support.

Förkortningar			
nom.	nominativ	m.	maskulinum
ack.	ackusativ	f.	femininum
gen.	genitiv	n.	neutrum
dat.	dativ	pl.	plural
instr.	instrumentalis	sing.	singular
lok.	lokativ	adj.	adjektiv
imp.	imperfektiv	и т.д.	etc.
perf.	perfektiv		

ИНФОРМАЦИЯ

INFORMATION

Kyrillos och Methodios
I Ryssland använder man det kyrilliska alfabetet. Det har fått sitt namn efter Kyrillos. Han och Methodios var grekiska heliga män som numera är helgonförklarade. På 800-talet skapade Kyrillos och Methodios ett ursprungligt alfabet, det glagolitiska alfabetet, som en del i sitt arbete att kristna de slaviska stammarna. Det kyrilliska alfabetet utvecklades sedan under inflytande av grekiskan och hebreiskan.

På Peter den stores tid gjordes ändringar i det kyrilliska alfabetet och på 1920-talet infördes ytterligare några små förändringar av Lenin. Alfabetet var obligatoriskt i alla republiker i Sovjetunionen. Idag används det i Ryssland och, med några mindre skillnader, i Ukraina, Vitryssland, Bulgarien och Serbien.

Kyrillos och Methodios

UTTAL OCH BETONING

Man behöver inte ha ett perfekt uttal för att klara sig i Ryssland. Det märks i vilket fall som helst att du är utlänning och folk kommer att anstränga sig för att förstå dig. Men om du vill nå längre än till basnivån kommer det att vara värt mödan att ägna tid åt att försöka att utveckla ett mera exakt uttal.

Ryskt uttal beror mycket på betoningen. Denna markeras i läroböcker med akut accent. Ryssarna själva sätter inte ut några accenter, utan detta är endast en hjälp för dem som lär sig ryska.

Betoningen i ryska är inte regelbunden. Man måste lära sig den för varje ord. I ord med mer än en stavelse finns det en betonad vokal som uttalas starkare än de andra. Till exempel är i ordet **хорошó** - "bra" - det sista **о**-et betonat och har sitt fulla ljudvärde, medan de andra **о**-na är obetonade och därför reducerade i ljudvärde. De låter mer som korta **а**.

När man väl känner till betoningen kan man få fram uttalet av ett ryskt ord genom stavningen. Det finns väldigt få undantag från de grundläggande uttalsreglerna. För att få rätt uttal skall du arbeta med inspelningarna och repetera orden och fraserna så ofta du kan.

DET RYSKA ALFABETET

Det ryska alfabetet består av 33 bokstäver: 21 konsonanter, 10 vokaler och 2 fonetiska symboler.

Sex bokstäver är lika på ryska och på svenska:
    а   е   к   м   о   т

Exempel i ord:
    а́том   те́ма   коме́та   ма́ма   кака́о   такт

Sex bokstäver är "falska vänner". De låter annorlunda än man förväntar sig:
    в   н   р   с   у   х

    торт   ка́сса   анана́с   хор   со́ус   самова́р

Alla andra bokstäver är oupptäckt land:

    б   г   д   ё   ж   з   и   й   л   п
    ф   ц   ч   ш   щ   ы   э   ю   я

бана́н	маргари́н	ви́за	ра́дио	репортёр
журнали́ст	зе́бра	кино́	май	сала́т
суп	телефо́н	цеме́нт	чемпио́н	шокола́д
борщ	Крым	эффе́кт	юри́ст	а́рмия

De båda fonetiska symbolerna (hårt tecken ъ och mjukt tecken ь) har inget eget ljudvärde. Det hårda tecknet ъ skapar en buffert mellan en hård konsonant och en mjuk vokal. Det mjuka tecknet ь gör att den föregående konsonanten blir mjukare:

    объе́кт   карто́фель

Vin
Bensin
Choklad
Röda torget

Bokstav		Uttal
А	а	a
Б	б	b
В	в	v
Г	г	g
Д	д	d
Е	е	betonat: som "je" obetonat: som "ji"
Ё	ё	jå (alltid betonat)
Ж	ж	"zj" som i engelskans "pleasure"
З	з	"z" som i engelskans "zip"
И	и	i
Й	й	j
К	к	k
Л	л	l
М	м	m
Н	н	n
О	о	betonat: som "å" obetonat: som "a" i "matt"
П	п	p
Р	р	tungspets-"r"
С	с	s
Т	т	t
У	у	"o" som i "bo"
Ф	ф	f
Х	х	"ch", som i tyskans "ach"
Ц	ц	"ts" som i "tsar"
Ч	ч	"tj" som i engelskans "child"
Ш	ш	"sj"-ljud
Щ	щ	långt "sjtj"-ljud
Ъ	ъ	"hårt tecken" uttalas inte, kan bara stå före mjuk vokal
Ы	ы	bakre i-ljud, mellan svenskans "i" och "o"
Ь	ь	"mjukt tecken" uttalas inte, mjukar bara upp föregående konsonant
Э	э	ä
Ю	ю	jo
Я	я	ja

OBS! Lyssna på inspelningarna för att höra det exakta ryska uttalet.

För mer om uttal, se s. 154.

Det ryska alfabetet

RYSK HANDSTIL. BOKSTÄVER INUTI ORD

Bokstav	Exempel	Handstil		Översättning
А а	átom	*А а*	*атом*	atom
Б б	bagáž	*Б б*	*багаж*	bagage
В в	vinó	*В в*	*вино*	vin
Г г	gramm	*Г г*	*грамм*	gram
Д д	dóktor	*Д д*	*доктор*	doktor (titel)
Е е	évro	*Е е*	*евро*	euro
Ё ё	ёlka	*Ё ё*	*ёлка*	julgran
Ж ж	žurnál	*Ж ж*	*журнал*	tidskrift
З з	zoopárk	*З з*	*зоопарк*	zoo
И и	idéja	*И и*	*идея*	idé
Й й	jógurt	*Й й*	*йогурт*	yoghurt
К к	krízis	*К к*	*кризис*	kris
Л л	lámpa	*Л л*	*лампа*	lampa
М м	menjú	*М м*	*меню*	meny
Н н	nol'	*Н н*	*ноль*	noll
О о	ópera	*О о*	*опера*	opera
П п	probléma	*П п*	*проблема*	problem
Р р	rubl'	*Р р*	*рубль*	rubel
С с	sport	*С с*	*спорт*	sport

Det ryska alfabetet

Т т	такси́	*Т т такси*	taxi	
У у	у́лица	*У у улица*	gata	
Ф ф	футбо́л	*Ф ф футбол*	fotboll	
Х х	хокке́й	*Х х хоккей*	ishockey	
Ц ц	царь	*Ц ц царь*	tsar	
Ч ч	чай	*Ч ч чай*	te	
Ш ш	шокола́д	*Ш ш шоколад*	choklad	
Щ щ	щи	*Щ щ щи*	kålsoppa	
Ъ ъ	объе́кт	*ъ объект*	objekt	
Ы ы	му́зыка	*ы музыка*	musik	
Ь ь	контро́ль	*ь контроль*	kontroll	
Э э	экспе́рт	*Э э эксперт*	expert	
Ю ю	ю́мор	*Ю ю юмор*	humor	
Я я	я́блоко	*Я я яблоко*	äpple	

Bokstaven ы och tecknen ь och ъ används inte i början av ord.
Bokstaven й används bara med en vokal.

Betoningsaccenter och de två prickarna över bokstaven "ё" används inte i vanliga ryska texter.

Det finns två sätt att skriva bokstaven "т" - *т*/т .

> För att öva bokstäverna mera använd "Ruslan Ryska 1 Övningsbok".

Vissa bokstäver som är "långa" i svenskan, t. ex. "k" och "l" är "korta" i ryskan: *к , л* .

När du skriver bokstäverna *л , м , я* glöm inte "kroken" i början av bokstaven, som tydligt separerar bokstaven från föregående bokstav.

Vissa bokstäver kan se annorlunda ut som liten och stor bokstav.

Det ryska alfabetet

| LEKTION 1 | АЭРОПОРТ | УРОК 1 |

I dialogerna möts Ivan och Ljudmila på planet. De anländer sedan till Sjeremetjevoflygplatsen i Moskva. Igor är på Pulkovoflygplatsen i S:t Petersburg.

Du kommer att lära dig
- några ord som har anknytning till resande och flygplatser
- några grundläggande frågor och svar
- att ryssarna har samma ord för obestämd och bestämd form av substantivet
- att verbformen "är" inte används i presens
- att intonationen stiger när du ställer en fråga utan frågeord
- de personliga pronomina
  - я - jag
  - вы - ni
  - он - han
  - она́ - hon
- de possessiva pronomina
  - мой / моя́ - min
  - ваш / ва́ша - er

I stycket finns bakgrundsinformation om Moskva, Rysslands huvudstad och en sång «До свида́ния!».

I slutet av lektionen kommer du att kunna läsa några grundläggande meddelanden på en rysk flygplats och att kunna tyda flera platsers namn.

> Dialoger, utdrag ur texter, sånger och dikter från Ruslan Ryska 1 finns som tecknade filmer på www.ruslan.co.uk/ruslancartoons.
>
> Ruslan Ryska 1 Övningsbok innehåller 19 extra övningar till den här lektionen.

Är det här den snabba eller långsamma bussen till flygplatsen?

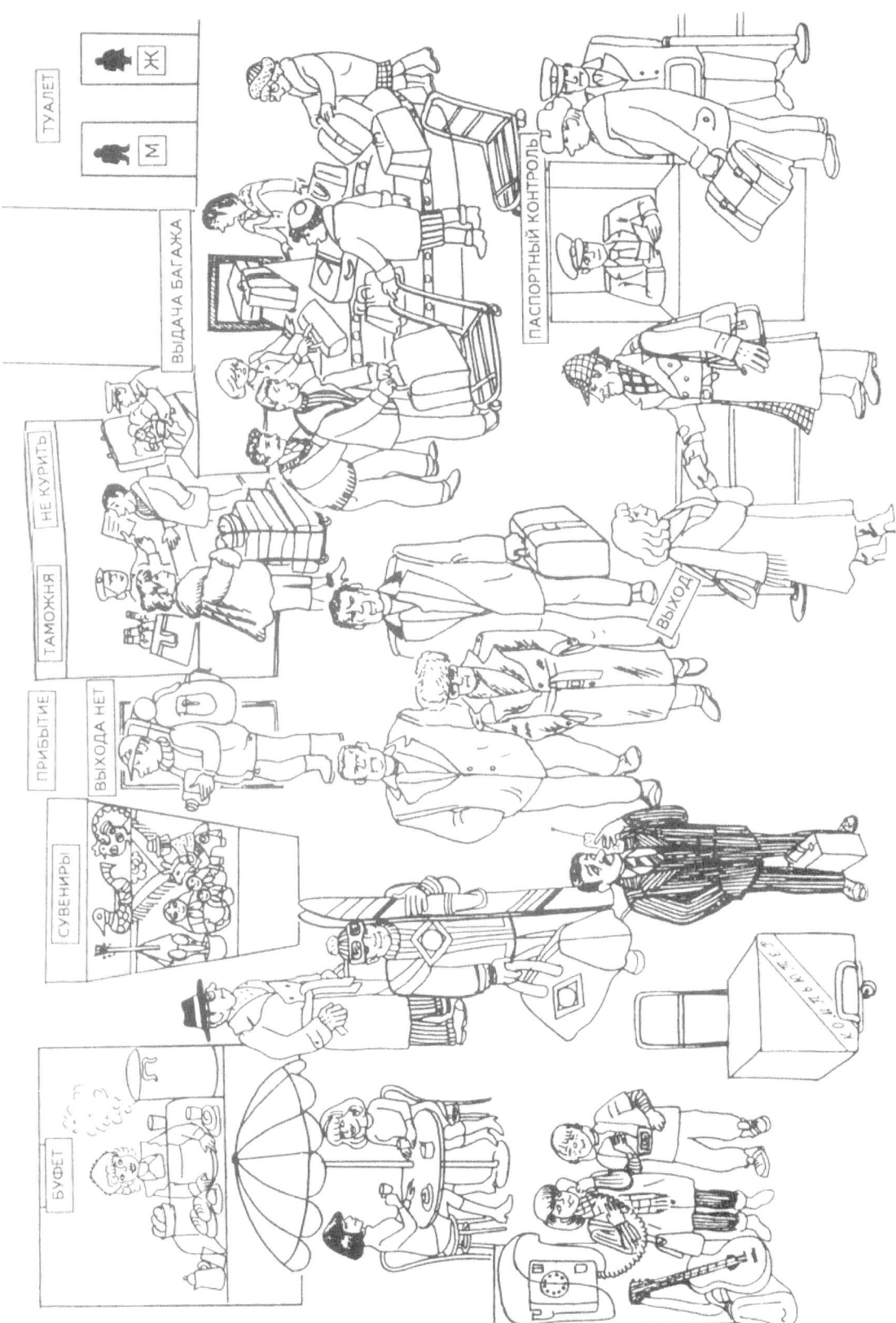

ДИАЛОГИ   УРОК 1

Ljudmila och Ivan i flygplanet

🎤 9

Людми́ла:	Здра́вствуйте!
Ива́н:	Здра́вствуйте!
Людми́ла:	Это Москва́?
Ива́н:	Да, Москва́!
Людми́ла:	Извини́те, вы тури́ст?
Ива́н:	Нет, я бизнесме́н, а вы?
Людми́ла:	Я тури́стка...и... журнали́стка.

Ruslan 1 tecknade filmer.
Se www.ruslan.co.uk/ruslancartoons.htm

Passkontroll

🎤 10

Офице́р:	Ваш па́спорт, пожа́луйста.
Ива́н:	Вот, пожа́луйста.
Офице́р:	Вы тури́ст?
Ива́н:	Нет, я не тури́ст. Я бизнесме́н.
Офице́р:	Вы Ива́н Козло́в?
Ива́н:	Да, э́то я.
Офице́р:	Хорошо́. Вот ваш па́спорт.

Är det er resväska?

🎤 11

Ива́н:	Это ваш чемода́н?
Людми́ла:	Да, мой.
Ива́н:	А где мой?
Людми́ла:	Вы Козло́в?
Ива́н:	Да, я Козло́в.
Людми́ла:	Это ваш чемода́н?
Ива́н:	Да, мой, спаси́бо.
Людми́ла:	А су́мка ва́ша?
Ива́н:	Да, спаси́бо.

Tull

🎤 12

Тамо́женник:	Ваш биле́т.
Ива́н:	Биле́т? Где он...? А, вот он. Пожа́луйста.
Тамо́женник:	Где ваш па́спорт?
Ива́н:	Где мой па́спорт? Вот он.
Тамо́женник:	А деклара́ция?
Ива́н:	Вот она́. Пожа́луйста.
Тамо́женник:	Хорошо́. Вы тури́ст?
Ива́н:	Нет, я не тури́ст. Я бизнесме́н.
Тамо́женник:	Где ваш бага́ж?
Ива́н:	Вот мой бага́ж. Чемода́н и су́мка.
Тамо́женник:	А э́то что?
Ива́н:	Это аспири́н.
Тамо́женник:	А э́то?
Ива́н:	Это сувени́р.
Тамо́женник:	Хорошо́, вот ваш па́спорт и ваш биле́т.

Типичный иностранец

Женщина: Извините, это ваша сумка?
Иностранец: Да, спасибо, это моя сумка. А скажите, пожалуйста, это Шереметьево?
Женщина: Да, это Шереметьево.
Иностранец: Это Шереметьево-1 или Шереметьево-2?
Женщина: Нет-нет! Это Шереметьево-D.

Здравствуйте!	God dag!	типичный	typisk
это	detta	иностранец	utlänning
Москва	Moskva	женщина	kvinna
да	ja	ваша	er (f.)
Извините!	Ursäkta!	сумка	väska
вы	ni	Скажите!	Säg!
турист	turist / manlig turist	Скажите, пожалуйста ...	Var snäll och säg ...
нет	nej		
я	jag	Шереметьево	Sjeremetjevo (flygplats)
бизнесмен	affärsman		
а	och / men	или	eller
туристка	kvinnlig turist	один	ett
и	och	два	två
журналистка	kvinnlig journalist	Нет-нет!	Nej! (mycket bestämt)

офицер	militärpolis
ваш	er (m.)
паспорт	pass
пожалуйста	varsågod / var snäll och ...
не	inte
хорошо	bra
вот	här är, där är

чемодан	resväska
мой	min (m.)
где	var
спасибо	tack

таможенник	tulltjänsteman
билет	biljett
он	han
декларация	tulldeklaration
она	hon
багаж	bagage
что	vad
аспирин	aspirin
сувенир	souvenir

декларация
Om man reser till Ryssland och har med sig mer än $3000 i utländsk valuta (2012) måste man fylla i en tulldeklaration och gå igenom den röda tullkorridoren.

Шереметьево
De nya terminalerna på Sjeremetjevo flygplats använder latinska bokstäver i sina namn:
Терминал A, **Терминал B**, **Терминал C**, etc.

| ИНФОРМАЦИЯ | УРОК 1 |

www **Москва́**

Moskva, huvudstad i Ryska federationen, ligger i den europeiska delen av Ryssland vid Moskvafloden. Den har en befolkning på ungefär 11.5 miljoner (2010). Moskva har tre flygplatser, ett stort antal järnvägsstationer och ett berömt tunnelbanesystem. Stadsgränsen utgörs vanligtvis av Moskva-Ringleden, fastän nya områden har byggts utanför denna.

Moskva är tidigast omnämnt i krönikor från 1147. Under 1200- och 1300-talen var den hemvist för ryska furstar och på 1400-talet blev den huvudstad i den ryska staten. År 1712 flyttade huvudstadsfunktionen till S:t Petersburg och blev kvar där till 1918. Moskva har dock alltid betraktats som en andra huvudstad. Moskva ockuperades av Napoleon år 1812 och mycket förstördes. Under de två världskrigen på 1900-talet blev staden aldrig ockuperad.

Dagens Moskva är ett industriellt och politiskt centrum och tillsammans med S:t Petersburg även ett ledande kulturellt centrum.

Moskva: Röda torget med varuhuset GUM och Vasilijkatedralen

| ГРАММАТИКА |

я - "jag" och вы - "ni"
Liksom "ni" i svenska används **вы** i ryska både som artighetsform i singular och som pluralform. Emellertid används artighetsformen mycket oftare i ryska än i svenska.

Bestämd och obestämd artikel
Det finns inga bestämda eller obestämda artiklar i ryskan. Man måste förstå av sammanhanget vad som avses.
    па́спорт   kan betyda "passet" eller "ett pass".
    ви́за   kan betyda "visumet" eller "ett visum".

Verbformen "är"
Verbformen "är" används inte i presens.
    Это аэропо́рт.   Detta är flygplatsen.
    Я бизнесме́н.   Jag är affärsman.
    Это мой бага́ж.   Detta är mitt bagage.

Frågeintonation
I en fråga utan frågeord - tex "Vad?" eller "Vem?" - används stigton på den betonade stavelsen i det ord som man frågar om. Ordföljden ändras inte.

Fråga: Это Москва́? - Är detta Moskva? (rösten går upp)

Konstaterande: Да, э́то Москва́. - Ja, detta är Moskva. (rösten går ner)

Substantivens genus
Ryska substantiv är antingen maskulinum, femininum eller neutrum. Du har bara stött på de två första hittills. Vanligtvis kan man avgöra genus genom den sista bokstaven i ordet.

De flesta maskulina substantiv slutar på konsonant eller -й
    па́спорт / бага́ж / тури́ст / трамва́й
De flesta feminina substantiv slutar på -а, -я eller -ия
    ви́за / Та́ня (flicknamnet) / деклара́ция

> Längre fram i boken kommer du att lära dig substantiv med andra ändelser.
> Substantiv som slutar på -о eller -е är nästan alltid neutrala.
> Substantiv som slutar på -мя är alltid neutrala.
> Substantiv som slutar på mjukt tecken -ь kan vara maskulina eller feminina.

Possessiva pronomen
De possessiva pronomina мой / моя́ - "min" och ваш / ва́ша - "er" överensstämmer med det substantiv som de syftar på. Här är de antingen maskulina eller feminina. De feminina överensstämmer vanligen med -а eller -я i slutet av substantivet.

Maskulina	Feminina
мой па́спорт	моя́ ви́за
мой бага́ж	моя́ су́мка
ваш чемода́н	ва́ша деклара́ция

Liksom **вы** på sidan 20 används **ваш** för en enda person mycket oftare än "er" används på svenska.

он och **она́** betyder "han" eller "hon" för människor men även "den", "det" när det syftar på föremål.
он används för att syfta på ett maskulint substantiv:
    Где ваш па́спорт? - Вот он!
она́ används för att syfta på ett feminint substantiv:
    Где ва́ша деклара́ция? - Вот она́, пожа́луйста!

Здра́вствуйте! - God dag! / Hej!
För att öva ordet, dela upp det i stavelser:
    Здра́(в) / ствуй / те!
Den första в uttalas inte.
Med vänner används också Приве́т, som är mindre formellt.

| УПРАЖНЕНИЯ | ÖVNINGAR | УРОК 1 |

1. Finn det rätta ordet!
- а. Где _____ журнал? ваш / ваша
- б. Это _____ виза. мой / моя
- в. Вот _____ билет. ваш / ваша
- г. Где багаж? Вот _____. он / она
- д. Где моя сумка? Вот _____. он / она
- е. Где Людмила? Вот _____. он / она
- ж. Где Борис? Вот _____. он / она

2. Välj svaret!
- а. Это ваш багаж?
- б. Где ваша виза?
- в. Вы турист?
- г. Вот ваш журнал.
- д. Это Лондон?
- е. Спасибо.
- ж. Где ваш багаж?
- з. Это наркотик?

> Вот он.
> Да, мой.
> Нет, это аспирин.
> Пожалуйста.
> Вот она.
> Нет, я бизнесмен.
> Спасибо
> Нет, это Москва.

3. Du har förlorat ditt pass. Vad kan du säga?
Это ваш паспорт?
Где мой паспорт?
Вот мой паспорт.
Хорошо.

Någon har hittat det. Vad skulle han / hon säga till dig?
Это мой паспорт.
Где ваш паспорт?
Вот ваш паспорт.
Спасибо.

Som tack säger du:
Хорошо.
Пожалуйста.
Извините.
Спасибо.

Och han / hon kan svara:
Хорошо.
Пожалуйста.
Извините.
Спасибо.

| ЧИТАЙТЕ! | LÄS! | УРОК 1 |

1. **På flygplatsen. Läs!**

   ВЫДАЧА БАГАЖА   ТРАНЗИТ
   № РЕЙСА   КРАСНЫЙ КОРИДОР
   НЕ КУРИТЬ   ПАСПОРТНЫЙ КОНТРОЛЬ
   РЕГИСТРАЦИЯ   ТУАЛЕТ
   СУВЕНИРЫ   ВЫХОД
   ПАРФЮМЕРИЯ   ВЫХОДА НЕТ

   Flightnummer - Bagageutlämning - Ingen utgång - Parfymeri
   Rökning förbjuden - Souvenirer - Röd fil - Transit - Toalett
   Passkontroll - Incheckning - Utgång

2. **Vad kan vara intressant för en rysk tulltjänsteman?**

   билéт   пáспорт   вóдка
   икóна   сувенúр   наркóтик
   вúски   дóллар   журнáл «Экономúст»
   декларáция   фотоаппарáт   газéта «Таймс»

3. **Vilka valutor är det?**

   Дóллар - Фунт стéрлингов - Рубль - Евро
   Украúнская грúвна - Япóнская иéна - Китáйский юáнь
   Индúйская рýпия

4. **Vilka är följande bilmärken?**

   Форд - Ренó - Мерседéс - Лáда - Фиáт - Ягуáр - Москвúч
   БМВ - Вóльво - Ситроéн - Вóлга - Кадиллáк - Тойóта

5. **Какóй аэропóрт? - Vilken flygplats?**
   Vilken flygplats / vilka flygplatser skulle du använda för att resa till USA,
   till Västeuropa, till de baltiska länderna, till Ukraina och till Kina?
   Vilken flygplats skulle du använda för att resa till norra Ryssland, till
   södra Ryssland, till Sibirien och till det ryska Fjärran Östern?
   (Använd kartan s.2)

   Шереме́тьево-D:
   Берлúн, Владивостóк, Екатеринбýрг,
   Иркýтск, Лóндон, Милáн, Новосибúрск,
   Парúж, Хабáровск.
   Шереме́тьево-E:
   Донéцк, Кúев, Рúга, Тáллин
   Шереме́тьево-F:
   Пекúн, Шанхáй
   Внýково:
   Архáнгельск, Магадáн, Мýрманск.
   Домодéдово:
   Вашингтóн, Волгогрáд, Лóндон,
   Лос-Анджелес, Майáми, Нью-Йóрк,
   Омск, Санкт-Петербýрг, Сарáтов.

ПИШИТЕ!   SKRIV!   УРОК 1

Här är en del av passagerarlistan från flygningen Stockholm-Moskva:

а. Vilka är de tre svenska passagerarna i listan?
б. Med hjälp av läraren, lägg till ditt eget namn med skrivstil och även namnen på de övriga i gruppen.

1. Андреев Павел Борисович
2. Исакссон Пер
3. Иванов Борис Владимирович
4. Иванова Татьяна Николаевна
5. Козлов Иван Степанович
6. Мальцева Юлия Павловна
7. Минский Вадим Иванович
8. Свенссон Томас
9. Суханов Александр Львович
10. Тихонова Людмила Николаевна
11. Стенберг Анна
12. Щукина Зоя Борисовна
13. Шишкин Михаил Андреевич

| СЛУШАЙТЕ! | LYSSNA! | УРОК 1 |

I tullen. Lyssna!
а. Vilka tre saker bad tulltjänstemannen att få se?
б. Vilket var syftet med Ljudmilas resa till England?
в. Vilka städer besökte hon?
г. Har hon några souvenirer?

> Du kan kontrollera dina svar mot texterna som finns på s. 147

| ГОВОРИТЕ! | PRATA! |

1. **Frågor och svar till teckningen på sidan 17:**

   – Это турист? – Да.
   – Это сувенир? – Нет, это телефон.
   – Где чемодан? – Вот чемодан.
   – Где паспорт? – Вот он!
   – Где сумка? – Вот она!
   и т.д.

2. **Rollspel (arbeta i par):**
   Gör ett eget pass. Skriv ditt namn på ryska och din ärende eller yrke: turist (турист), affärsman (бизнесмен) etc.
   Du befinner dig vid passkontrollen. En person spelar passkontrollanten, den andre spelar besökaren.

Passkontrollanten	**Besökaren**
Be att få se passet.	Visa ditt pass.
Fråga vad besökaren är.	Säg vad du är.
Be att få se visumet.	Visa ditt visum.
Lämna tillbaka pass och visum och säg "Tack".	Svara.

Byt roller och börja om på nytt.

| ГОВОРИТЕ! | УРОК 1 |

3. **Kommunikationsövning**
   Detta är för en grupp som har sin första rysklektion.

   Välj ditt yrke från följande:
   журналист   journalist
   музыкант   musiker
   инженер   ingenjör

   Gå runt i lokalen, prata endast ryska och försök att hitta de personer som har samma yrke som du med hjälp av orden du just har lärt dig:

   – Извините, пожалуйста, вы музыкант?
   – Да, я музыкант.
   – И я музыкант.
   – Хорошо!

   – Извините, вы музыкант?
   – Нет, я журналист.

   > Använd endast den maskulina formen. Det skulle vara väldigt ovanligt att använda den feminina formen журналистка i den här situationen. Man använder även endast de maskulina formerna av инженер och музыкант.

4. **Он / она**
   Samla ihop några enkla saker, verkliga saker eller bilder.
   De skall vara antingen maskulina eller feminina.
   På nästa sida finns några bilder som du kan använda.

   > билет - водка - лимонад - журнал - компьютер
   > паспорт - шоколад - телефон - лампа - сумка

   Fråga varandra och peka på föremålet eller bilden när du svarar:

   – Где журнал?
   – Вот он!

   – Где водка?
   – Вот она!

5. **Или**
   Använd bilderna på nästa sida och gör frågor:
   – Это билет или паспорт?
   – Это паспорт.
   – Что это? Водка или лимонад?
   – Это лимонад.

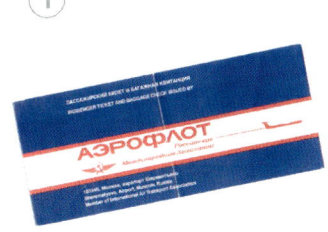

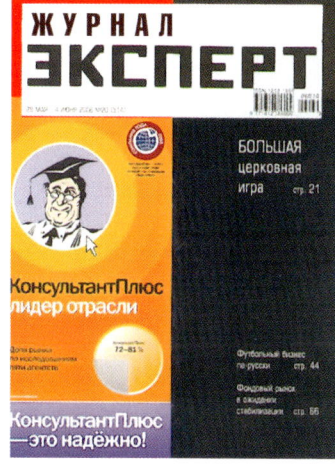

Ruslan 1 Lektion 1

ЧИТАЙТЕ И ПИШИТЕ! УРОК 1

Аэропо́рт Пу́лково

Это Росси́я, Санкт-Петербу́рг, аэропо́рт Пу́лково. Это термина́л но́мер два? Нет, э́то термина́л но́мер оди́н.

Вот пассажи́р. Кто это? Это Игорь. Он инжене́р. Он ру́сский.

- Извини́те, где бага́ж?
- Вот он: чемода́н, су́мка и рюкза́к.
- А где мой па́спорт?
- Вот он.
- Спаси́бо. А где моя́ гита́ра?
- Вот она́. Вы музыка́нт?
- Нет!

Санкт-Петербу́рг	- S:t Petersburg	рюкза́к	- ryggsäck
термина́л	- terminal	гита́ра	- gitarr
но́мер	- nummer	музыка́нт	- musiker
пассажи́р	- passagerare		

Вопро́сы к те́ксту - Frågor på texten
а. Это Москва́?
б. Это Росси́я?
в. Это термина́л но́мер оди́н?
г. Игорь америка́нец?
д. Игорь инжене́р?
е. Где па́спорт?
ж. Где гита́ра?

Переведи́те! - Översätt!
- Ursäkta mig, är det här er resväska?
- Ja, det är min resväska. Tack.
- Varsågod.

- Var är min biljett?
- Här är den.
- Och mitt visum?
- Här är det.

- Det här är inte min gitarr och det här är inte min ryggsäck.
- Förlåt! Är det er gitarr?
- Ja, det är min gitarr. Tack.
- Och det här är er ryggsäck?
- Ja, det är min ryggsäck. Tack.
- Är ni turist?
- Nej.

Аэропо́рт Пу́лково

ПЕСНЯ	SÅNG

«До свида́ния!»
– Извини́те, где ваш па́спорт?
  Где портфе́ль и чемода́н?
– Вот бага́ж мой, до свида́ния.
  Па́спорт мой у вас вот там!

До свида́ния, до свида́ния,
Вот портфе́ль и чемода́н.
До свида́ния, до свида́ния,
Па́спорт мой у вас вот там!

– Вот уже́ мы в термина́ле:
  Я студе́нт, а вы тури́ст.
– Где авто́бус? Где авто́бус?
  А, смотри́те: вот такси́ст!

До свида́ния, до свида́ния,
Я студе́нт, а вы тури́ст.
Где авто́бус? Где авто́бус?
А, смотри́те: вот такси́ст!

До свида́ния!	-	Adjö! / Hej då!
портфе́ль (m.)	-	portfölj
у вас	-	ni har
уже́	-	redan
в термина́ле	-	i terminalen
авто́бус	-	buss
Смотри́те!	-	Titta!
такси́ст	-	taxichaufför

Sång och musik av L.M. O'Toole

Ruslan 1 Lektion 1

| LEKTION 2 | УЛИЦА | УРОК 2 |

Ivan tar sig från Sjeremetjevoflygplatsen till Arbat, en gata i centrum av Moskva. Den typiska utlänningen vill gå till Bolsjojteatern. Igor letar efter Eremitaget i S:t Petersburg.

Du kommer att lära dig
- enkla frågor för att kunna ta dig fram i en rysk stad
- att säga "jag vet" - **я знáю** - och "ni vet" - **вы знáете**
- prepositionerna **в** och **на** i betydelsen "till" en plats
- grundläggande imperativer
- användningen av **да** och **нет** för "ja" och "nej"
- pronomenet **онó** och begreppet neutrala substantiv
- ordet **есть** i betydelsen "det finns"
- siffrorna 0-10.

Du kommer att
- kunna läsa en adress på ryska
- kunna känna igen flera namn på platser.

Det finns ett fotogalleri med bilder från Moskva och S:t Petersburg.

I stycket finns bakgrundsinformation om Arbat och om poeten och sångaren Bulat Okudzjava.

Ruslan Ryska 1 Övningsbok innehåller 16 extra övningar till den här lektionen.

Vissa gatunamn på kartan på nästa sida kan ha ändrats. Till exempel heter Улица Вахтáнгова numera Большóй Николопéскевский переýлок.

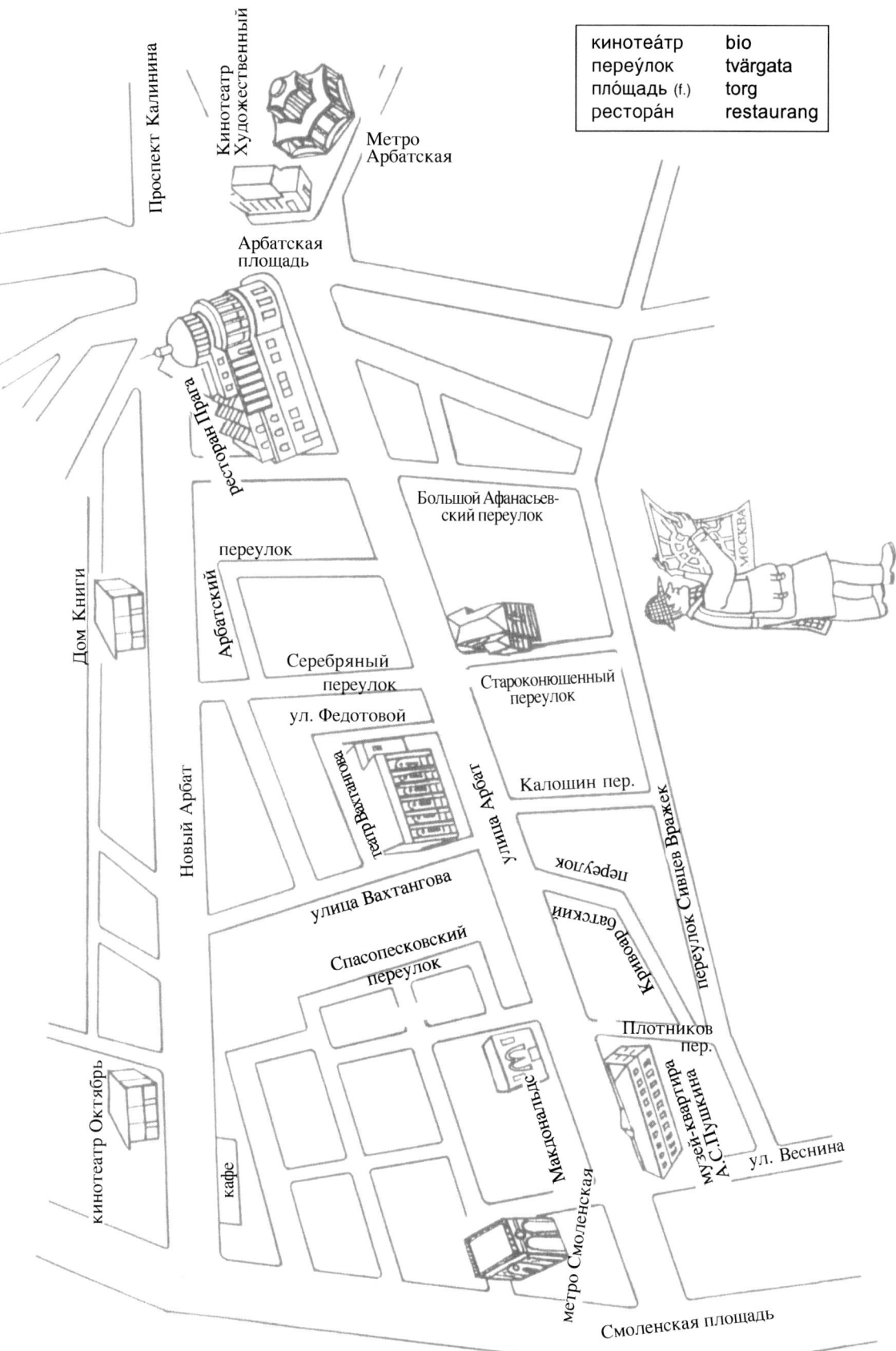

ДИАЛОГИ УРОК 2

Var finns tunnelbanan här i närheten?

🎤 23 Иван: Извините, пожалуйста.
Людмила: Да?
Иван: А, это вы? Туристка и журналистка?
Людмила: Да, это я.
Иван: Вы не знаете, где здесь метро?
Людмила: Здесь нет метро.
Иван: Здесь нет метро?
Людмила: Да, нет метро. Вот стоянка такси, а там автобус.
Иван: Спасибо.

Till centrum, tack

🎤 24 Иван: В центр, пожалуйста.
Таксист: Куда в центр?
Иван: На Арбат.
Таксист: Хорошо.

Varsågod, här är Arbat.

Таксист: Вот, пожалуйста, Арбат. Вот, налево, станция метро, а это улица Арбат.
Иван: Спасибо.

Var ligger Vachtangovgatan här någonstans?

🎤 25 Иван: Извините. Где здесь улица Вахтангова?
Прохожий: Я не знаю.

Иван: Где мой план? ... Ага, вот он. Вот это Арбат. А где адрес? Улица Вахтангова, дом десять. Хорошо, вот это улица Вахтангова. Я здесь. А что это? Театр?

Иван: Скажите, пожалуйста. Вы не знаете, где здесь театр?
Прохожий: Театр? Да. Театр Вахтангова. Это близко. Идите прямо и театр направо.
Иван: Спасибо.

Театр Вахтангова

Типи́чный иностра́нец

Иностра́нец:	Извини́те, это Большо́й теа́тр?
Прохо́жая:	Большо́й теа́тр? Нет! Большо́й теа́тр не здесь.
Иностра́нец:	Я не понима́ю. А где Большо́й теа́тр? Это далеко́?
Прохо́жая:	Да. Это далеко́. Ста́нция метро́ «Театра́льная».
Иностра́нец:	Спаси́бо. А здесь есть метро́?
Прохо́жая:	Коне́чно. Вот оно́.

вы зна́ете	ni vet
здесь	här
метро́	tunnelbana
в	på / i
стоя́нка такси́	taxistation
там	där
авто́бус	buss
центр	centrum
куда́?	vart?
на	till / på
нале́во	till vänster
ста́нция	station
у́лица	gata
я не зна́ю	jag vet inte
план	karta
Ага́!	Aha!
а́дрес	adress
дом	hus
де́сять	tio
теа́тр	teater
прохо́жий	manlig förbipasserande
бли́зко	nära
Иди́те!	Gå!
пря́мо	rakt fram
напра́во	till höger

прохо́жая	kvinnlig förbipasserande
я не понима́ю	jag förstår inte
Большо́й теа́тр	Bolsjojteatern
далеко́	långt borta
есть	det finns
коне́чно	naturligtvis
(Lägg märke till att "ч" uttalas som ett "ш" - "kanjesjna")	
оно́	den / det

Звонова Зоя Петровна
РОССИЯ
115446 МОСКВА
ул. Вахтангова,
д.10, кв. 106
Тел.: (8) 495 841 43 45

Zoja Petrovnas visitkort (визи́тка)

Nu finns det nya snabbtåg från flygplatsen till Moskvas centrum.

ИНФОРМАЦИЯ   УРОК 2

АРБАТ

Före revolutionen 1917 var Арбат en fashionabel överklasstadsdel i Moskva. Efter revolutionen blev den en livligt trafikerad gata full av små affärer. Under den period som kallas перестройка var detta den första gata som förvandlades till gågata. Ett tag i början av 1990-talet användes den av konstnärer som sålde sina målningar på trottoaren, men många av dessa har nu flyttat till andra platser, inklusive Izmailovskij Park.

Ах Арбат, мой Арбат, ты моё призвание.
Ты – и радость моя, и моя беда.
(Булат Окуджава)

Å, Arbat, mitt Arbat, du är mitt öde.
Du är både min glädje och min sorg.
(Bulat Okudzjava)

Булат Окуджава
(1924-1997)

Siffrorna 0 - 10

0	ноль		
1	один	6	шесть
2	два	7	семь
3	три	8	восемь
4	четыре	9	девять
5	пять	10	десять

ГРАММАТИКА

я знаю / вы знаете

Verb i presens ändrar sina ändelser för att de skall överensstämma med den person som utför handlingen:

я знаю	-	jag vet
вы знаете	-	ni vet
я понимаю	-	jag förstår
вы понимаете	-	ni förstår

Se sidan 61 för den fullständiga presensböjningen av знать - "att veta, kunna, känna till".

в och на
Både в och на kan betyda "till" i betydelsen "till en plats". Du måste komma ihåg vilketdera du skall använda tillsammans med olika platser.
    в центр   -   till centrum
    на Арбáт   -   till Arbat
в   används för stängda utrymmen, till exempel rum, hotell och teatrar.
на används för öppna utrymmen, till exempel gator och stationer och för abstrakta begrepp, till exempel arbete.
Det finns några undantag. Lär dig dem när du stöter på dem.

напрáво / налéво och спрáва / слéва
напрáво / налéво används när man ger vägbeskrivningar.
    Идúте напрáво!   Gå till höger!
    Идúте налéво!   Gå till vänster!

спрáва / слéва används när man säger var något är:
    Ресторáн спрáва.   Restaurangen är till höger.
    Теáтр слéва.   Teatern är till vänster.

> I dagligt tal använder ryssar ibland напрáво / налéво i stället för спрáва / слéва.

Скажúте!
En del verbformer som slutar på -úте och alla verb som slutar på -айте är imperativer, som skall användas när man uppmanar någon till något, ger instruktioner eller gör förfrågningar:
    Скажúте! - Säg!   Читáйте! - Läs!
    Идúте! - Gå!   Извинúте! - Ursäkta!

есть - "det finns"
есть används i betydelsen "det finns":
    Здесь есть метрó?   Finns det tunnelbana här?
Motsatsen är нет:
    Здесь нет метрó.   Här finns inte någon tunnelbana.

да och нет betyder inte exakt samma sak som "ja" och "nej" på svenska. De betyder "du har rätt" och "du har fel". Alltså använder ryssarna ofta да för att säga "Ja, (du har rätt) det finns det inte" där vi på svenska säger "Nej, det finns det inte".
    Ивáн: Здесь нет метрó?
    Людмúла: Да, нет метрó

Neutrala substantiv
Substantiv som slutar på -о, -е eller -ие är neutrum. Det personliga pronomenet för neutrala substantiv är онó.
    Где метрó?   Var är tunnelbanan?
    Вот онó!   Där är den!

| УПРАЖНЕНИЯ | ÖVNINGAR | УРОК 2 |

1. Finn det rätta ordet!
а. Где станция _____ ?
б. Где мой _____?
в. _____ прямо.
г. Это ваша _____?
д. Что вы не _____?
е. Скажите, _____, где театр?
ж. Извините, я не _____.
з. Театр далеко? Нет, _____.
и. Это _____ план?

```
знаю
Идите
понимаете
план
близко
ваш
сумка
пожалуйста
метро
```

2. Välj rätt svar!

– Скажите, пожалуйста, где кинотеатр?
– Скажите, пожалуйста, где театр?
– Скажите, пожалуйста, где буфет?
– Скажите, пожалуйста, где ресторан?
– Скажите, пожалуйста, где метро?

```
– Идите прямо и налево!
– Идите прямо и направо!
– Идите прямо!
```

3. Finn det rätta ordet!

Идите!
Скажите!
Извините!
Слушайте!
Читайте!
Идите прямо!
Идите направо!
Идите налево!
Пишите!

```
Gå till vänster!
Gå rakt fram!
Gå till höger!
Skriv!
Gå!
Säg!
Läs!
Ursäkta!
Lyssna!
```

| ЧИТАЙТЕ И ПИШИТЕ! | УРОК 2 |

1. **Svenska städer**
   Бурленге - Бурос - Гётеборг - Ёнчёпинг - Эребру - Кируна
   Линчёпинг - Лулео - Лунд - Мальмё - Нючёпинг - Питео
   Стокгольм - Сундсвалль - Умео - Упсала - Хальмстад
   Хапаранда - Хельсингборг - Шеллефтео - Эстерсунд

   Skriv namnet på städerna med rysk skrivstil:

   _____
   _____
   _____
   _____
   _____
   _____
   _____
   _____

2. **Här är ett visitkort som tillhör en representant för en svensk firma i Moskva:**

   > ИНТЕК ИНТЕРНАЦИОНАЛ
   > Россия
   > 119121, Москва
   > Арбатский переулок, дом 8
   > Пер Исакссон
   > тел: (095) 211-21-12

   Vad är namnet på firman?
   Hitta gatan på kartan på sidan 31.
   Vad är namnet på representanten?

   Skriv adressen med rysk skrivstil:

   _____
   _____
   _____
   _____
   _____

страница 37

3. **På gatan. Läs!**

МУЗЕЙ МЕТРО
СТОЯНКА ТАКСИ УЛИЦА
ТУРИЗМ ИНТУРИСТ
КАССА КИОСК
МЕДПУНКТ ПРОСПЕКТ
ПОЛИЦИЯ ТЕАТР
ЦЕНТР БАНК

Kiosk - Intourist - Turism - Gata - Museum
Tunnelbana - Taxistation - Biljettkontor - Första hjälpen
Aveny - Polis - Teater - Centrum - Bank

4. **Hitta de ryska, vitryska eller ukrainska städerna i textrutan.**
   (Читáйте тóлько по-вертикáли или по-горизонтáли)

В Ц У Т О М С К М О С К В А
О К И Е В У Х Ъ Я Л Т А П У
Л П Е Т Е Р Б У Р Г О Я Д Ф
Г М О Ч С М О Л Е Н С К Ё А
О И Р В Л А Д И В О С Т О К
Г Н Ё Л Д Н С А Р А Т О В П
Р С Л Р О С А М А Р А Е А П
А К У И Р К У Т С К Ц Ц К Е
Д С А Р А Н С К А П О М С К

Kiev, Irkutsk, Minsk, Moskva, Murmansk, Omsk, Orjol, Petersburg, Samara, Saransk, Saratov, Smolensk, Tomsk, Ufa, Vladivostok, Volgograd, Jalta

СЛУШАЙТЕ! УРОК 2

Ivan försöker hitta kontoret som han skall besöka nästa dag:
а. Vilken tunnelbanestation frågade han efter?
б. Är det mycket långt?
в. På vilken gata ligger hans firma? Försök att hitta den på kartan på sidan 31.

ГОВОРИТЕ!

1. Arbeta i par och använd kartan på sidan 31 som underlag
а. Fråga efter olika platser och svara på frågorna.
б. Säg vad du ser till vänster och till höger:

Вот это ресторан «Прага» ... etc.

2. Rollspel (arbeta i par)
Du står på gatan. En person agerar turist
och den andre en passerande lokalinvånare:

Turisten	Lokalinvånaren
Tilltala den förbipasserande.	Reagera på tilltalet.
Fråga var restaurang "Прага" finns.	Svara att den ligger nära.
Fråga var.	Svara honom/henne att gå rakt fram och att den sedan ligger på höger sida.
Eftersom du är turist förstår du inte.	Upprepa vägbeskrivningen.
Tacka för hjälpen.	Svara.

Byt roller och börja om på nytt.

ГОВОРИТЕ! УРОК 2

3. **Minneslek på ryska**
   Försök att minnas kartan på sidan 36. Testa sedan ditt eget minne mot deltagare i gruppen; fråga var de olika platserna finns:
   – Где теа́тр?
   – Пря́мо и нале́во.
   – Да.
   – Где метро́?
   – Пря́мо.
   – Нет. Пря́мо и напра́во.

4. **Din egen stad**
   Rita en egen karta över en verklig eller påhittad stad med följande platser:
   университе́т - банк - аэропо́рт
   зоопа́рк - стадио́н (stadion) - поликли́ника (vårdcentral)
   метро́ - теа́тр - кинотеа́тр - рестора́н
   Prata om staden med andra deltagare i gruppen.

5. **Он / она́ / оно́**
   Repetera övning 4 på sidan 26, men lägg till några neutrala substantiv t ex orden: - вино́, такси́, метро́.
   – Где метро́?
   – Вот оно́!

6. **Вы зна́ете Нючёпинг?**
   Använd listan med städer som finns på sidan 37. Fråga varandra vilka svenska städer ni känner till:
   – Вы зна́ете Нючёпинг?   – Да, я зна́ю Нючёпинг.
   – Нет, я не зна́ю Нючёпинг.

7. **Sifferövning**
   Skriv talen 0-10 på tavlan i sifferform.
   En kursdeltagare står vid tavlan och pekar ut talen medan läraren eller en annan kursdeltagare säger talen högt.

8. **Sifferövning**
   Använd bilderna på sidan 27 för ytterligare övning:
   – Но́мер два, что э́то?
   – Э́то телефо́н!
   – Но́мер четы́ре, э́то па́спорт и́ли биле́т?
   – Э́то па́спорт.

9. **Kopiera och klipp ut bilderna på s. 42 och 43, eller använd vykort, för att öva и́ли - "eller"**
   – Э́то Москва́ и́ли Санкт-Петербу́рг?
   – Э́то Москва́!
   – А э́то?
   – Я не зна́ю!

ЧИТАЙТЕ И ПИШИТЕ!   УРОК 2

Санкт-Петербург

Вот центр. Это Невский проспект. Здесь есть метро, стоянка такси, автобус и трамвай. Справа – ресторан, слева – кинотеатр. Здесь хорошо!

Игорь не знает, где Эрмитаж. А вот прохожий. Он знает.
– Скажите, пожалуйста, где Эрмитаж?
– Эрмитаж? Это недалеко. Идите прямо и направо.
– Спасибо.

Игорь идёт прямо и направо. Там Эрмитаж, а слева – река Нева. Эрмитаж – это большой музей. Там очень интересно.

Strecket (–) används för att ersätta verbformen "är", samt framför tal.
Se sidan 155.

Вопросы к тексту - Frågor på texten

а. Это Москва?
б. Что слева?
в. Что справа?
г. Игорь знает, где Эрмитаж?
д. Кто знает, где Эрмитаж?
е. Это близко?

Невский проспект	-	Nevskij Prospekt
трамвай	-	spårvagn
он знает	-	han vet
Эрмитаж	-	Eremitaget
прохожий	-	förbipasserande
идёт	-	går
река	-	flod
большой	-	stor
музей	-	museet
очень	-	mycket
интересно	-	intressant

Переведите! - Översätt!

– Ursäkta mig, vet ni var taxistationen är?
– Gå rakt fram och till vänster.

– Var är tunnelbanan? Är det långt?
– Det finns ingen tunnelbana här. Bussen är där.

– Ursäkta, var är Nevskij Prospekt?
– Den är i närheten. Gå till höger.

– Är det här Eremitaget?
– Jag vet inte.

– Är det här er buss eller min buss?
– Det är min buss. Men var är min biljett?

Ruslan 1 Lektion 2

ФОТОГАЛЕРЕЯ УРОК 2

МОСКВА

Большо́й теа́тр

Улица Арба́т

Коло́менское

Бе́лый дом

Моско́вское метро́

Луби́нка

Магази́н ГУМ

Храм Васи́лия Блаже́нного

Bolsjojteatern	Arbatgatan
Kolomenskoje	Vita huset
Moskvas tunnelbana	Ljubjanka
GUM	Vasilijkatedralen

САНКТ-ПЕТЕРБУ́РГ

🎤 34

Эрмита́ж

Дворцо́вая пло́щадь

Пе́тро-Па́вловская кре́пость

Кре́йсер «Авро́ра»

Ме́дный Вса́дник

Исаа́киевский собо́р

Мари́йнский теа́тр

```
Eremitaget
Palatstorget            Peter-Paulsfästningen
Kryssaren "Aurora"      Bronsryttaren
Isaakskatedralen        Mariinskijteatern
```

Ruslan 1 Lektion 2

LEKTION 3   СЕМЬЯ   УРОК 3

Ivan anländer till Zoja Petrovnas lägenhet och möter Ljudmila igen.
Ivan behöver någonstans att bo.

Det finns en text om Anton och Vera och deras familj i S:t Petersburg.

Du kommer att lära dig
- ord som du skall använda när du möter människor
- ord för olika familjemedlemmar.

Grammatikdelen omfattar:
- genitiv singular av maskulina och feminina substantiv
- stavningsregeln för användandet av bokstäverna ы och и
- pronomina я och вы i genitiv - меня, вас
- prepositionerna из, от, до, для och у som följs av genitiv
- genitiv vid нет
- genitiv vid siffrorna 2, 3 och 4
- former av один och два
- можно och нельзя med мне och вам för att uttrycka "jag/ni kan, får" eller "jag/ni kan, får inte"
- ord av utländskt ursprung som aldrig ändrar sina ändelser.

I stycket finns bakgrundsinformation om ryska namn och en dikt om S:t Petersburg.

> Ruslan Ryska 1 Övningsbok innehåller 20 extra övningar till den här lektionen.

Семья царя Николая II

ДИАЛОГИ УРОК 3

I Zvonovs lägenhet. Dörrklockan ringer

🎤 35

Зо́я Петро́вна:	Сейча́с, сейча́с...
Ива́н:	Здра́вствуйте. Вы Зо́я Петро́вна?
Зо́я Петро́вна:	Да. А вы кто?
Ива́н:	Я Ива́н Козло́в.
Зо́я Петро́вна:	Ах, Ива́н... Вы пря́мо из аэропо́рта? Как хорошо́! Здра́вствуйте! Ива́н, э́то Людми́ла.
Людми́ла:	Очень прия́тно.
Ива́н:	Что? Людми́ла? Это вы?!
Зо́я Петро́вна:	Как!? Лю́да? Вы знако́мы?
Людми́ла:	Да нет! Я зна́ю то́лько, что Ива́н – бизнесме́н.
Ива́н:	А я зна́ю, что Людми́ла тури́стка и журнали́стка.
Зо́я Петро́вна:	Что? Журнали́стка?
Людми́ла:	Зо́я Петро́вна, а мо́жно ко́фе?
Зо́я Петро́вна:	Да-да, коне́чно, я сейча́с...

Ivan och Ljudmila

🎤 36

Ива́н:	Так вас зову́т Людми́ла?!
Людми́ла:	Да, меня́ зову́т Людми́ла. А вас зову́т Ива́н.
Ива́н:	А скажи́те, Людми́ла, вы из Москвы́?
Людми́ла:	Да, а вы?
Ива́н:	Я не из Москвы́. Я из Сара́нска.
Людми́ла:	Сара́нск? Где э́то? Далеко́ от Москвы́?
Ива́н:	Не о́чень далеко́. Так вы зна́ете Вади́ма?!
Людми́ла:	Да, о́чень хорошо́ зна́ю.
Ива́н:	Понима́ю.

Varsågod, här är kaffet

🎤 37

Зо́я Петро́вна:	Вот, пожа́луйста, ко́фе.
Людми́ла:	Спаси́бо.
Ива́н:	А мне нельзя́ ко́фе. У меня́ от ко́фе аллерги́я. Мо́жно мне чай?... А э́то, Зо́я Петро́вна, для вас.
Зо́я Петро́вна:	Для меня́? Что э́то?
Ива́н:	Сувени́р из Ло́ндона.
Зо́я Петро́вна:	Спаси́бо, Ива́н. Что э́то? Кни́га? Очень хорошо́!
Ива́н:	Зо́я Петро́вна, мо́жно мне останови́ться у вас до среды́?
Зо́я Петро́вна:	Нет, Ива́н, извини́те, нельзя́. Понима́ете, здесь сейча́с Лю́да и Вади́м, а у меня́ то́лько три ко́мнаты.
Людми́ла:	Зна́ете, Ива́н, гости́ница «Марс» не о́чень далеко́.

46 Ruslan 1 Lektion 3

Är det er biljett?

Зóя Петрóвна:	Ивáн, э́то ваш билéт?
Ивáн:	Нет, не мой.
Людми́ла:	Это билéт Вади́ма.
Зóя Петрóвна:	А э́то?
Ивáн:	Это, кáжется, билéт Людми́лы.

сейчáс	nu; ett ögonblick
кто	vem
из (+gen.)	från, ut ur
как	hur
óчень	mycket
прия́тно	trevligt, angenämt
знакóмы	bekanta
Да нет!	Nej då!
тóлько	bara
мóжно	möjligt
кóфе (m. eller n.)	kaffe
Да-да	Ja (mycket bestämt)
так	så
вас	er
меня́	mig
Вас зовýт ...	Ni heter ...
Меня́ зовýт ...	Jag heter ...
мне	för mig
нельзя́	inte möjligt, man får inte
у меня́	jag har; hos mig
от (+gen.)	från, av
аллерги́я	allergi

да kan användas för "men", när du är lite förvånad!

Ивáн – бизнесмéн.
Tankstrecket ersätter verbet "att vara". Se sidan 155.

чай	te
для (+gen.)	för, till
кни́га	bok
Очень хорошó!	Mycket bra!
у (+gen.)	hos; uttrycker ägande
у вас	hos er (är), ni har
остановиться	att stanna
	att stanna över
до (+gen.)	till; tills
средá	onsdag
но	men
кóмната	rum
гости́ница	hotell
кáжется	det verkar

семья́	**familj**	внук	sonson, dotterson
брат	broder	внýчка	sondotter, dotterdotter
сестрá	syster	дя́дя	farbror, morbror
сын	son	тётя	faster, moster
дочь	dotter		
муж	äkta man		
женá	hustru		
отéц / пáпа	far / pappa		
мать / мáма	mor / mamma		
рóдственник	manlig släkting		
рóдственница	kvinnlig släkting		
племя́нник	systerson, brorson		
племя́нница	systerdotter, brorsdotter		
дéдушка	morfar, farfar		
бáбушка	farmor, mormor		

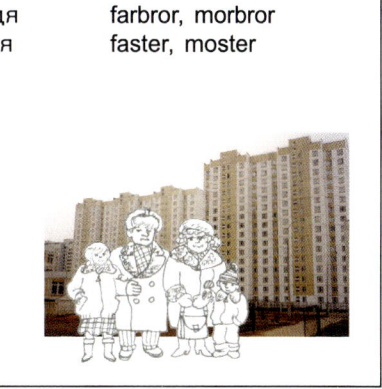

ГРАММАТИКА УРОК 3

Genitiv
Ryssarna använder genitiv för att uttrycka ägande och i ett antal andra fall.
    Это билéт Вадúма.   Det är Vadims biljett.
    Это билéт Людмúлы.   Det är Ljudmilas biljett.

Maskulina substantiv får ändelserna -a eller -я i genitiv singular.
        Вадúм blir Вадúма.
        Андрéй blir Андрéя.
        рубль blir рубля́.

Feminina substantiv ändras: -a till -ы eller -и   Людмúла blir Людмúлы.
        (se stavningsregeln)   Натáша blir Натáши.
        -я till -и   Тáня blir Тáни.
        -ия till -ии   Марúя blir Марúи.
        -ь till -и   плóщадь blir плóщади.

Stavningsregel
Bokstaven -ы skrivs aldrig efter г, ж, к, ч, х, ш, eller щ. Den ersätts av -и.
Genitiv singular av Натáша blir därför Натáши.

Personliga pronomen används ofta i genitiv efter prepositioner:
    я   blir   меня́
    вы   blir   вас
Till exempel efter для som betyder "för, till"
    Это для вас!   Detta är till er!
Och efter у som betyder "hos"
    А у меня́ тóлько три кóмнаты.   Och jag har bara tre rum.
        (Och hos mig är bara tre rum.)

Prepositionerna из, от, до, для, у och с följs av genitiv:
    из   Ивáн из Сарáнска.   Ivan är från Saransk.
        Вадúм из Москвы́.   Vadim är från Moskva.
    от   далекó от Москвы́   långt från Moskva
    до   до Лóндона далекó   det är långt till London
        до среды́   till onsdag
    для   сувенúр для вас   en souvenir till er
    у   у меня́ билéт   jag har en biljett
        у вас   ni har / hos er
        у Людмúлы   Ljudmila har / hos Ljudmila
    с   с чáса   från klockan ett

Genitiv används vid нет för någonting som inte finns:
    У меня́ нет билéта.   Jag har ingen biljett.
    Здесь нет гостúницы.   Det finns inget hotell.

Genitiv singular används vid siffrorna 2, 3 och 4:
    два телефóна   två telefoner
    три кóмнаты   tre rum
    четы́ре чемодáна   fyra resväskor

оди́н - "en", "ett" - har en maskulin, en feminin och en neutral form
- оди́н тури́ст — en turist
- одна́ ви́за — ett visum
- одно́ окно́ — ett fönster

два har en form för maskulinum och neutrum, och en feminin form:
- два биле́та — två biljetter
- два окна́ — två fönster
- две ко́мнаты — två rum

Меня́ зову́т Ива́н - Mitt namn är Ivan

Меня́ зову́т ...	De kallar mig ... / Jag heter ...
Вас зову́т ...	De kallar er ... / Ni heter ...
Тебя́ зову́т ...	De kallar dig ... / Du heter ...
Его́ зову́т ...	De kallar honom ... / Han heter ...
("г" i "его́" uttalas "v")	
Её зову́т ...	De kallar henne ... / Hon heter ...

För att fråga vad någon heter använder man как - "hur".
- Как вас зову́т? — Vad heter ni? (Hur kallar de er?)
- eller Как тебя́ зову́т? — Vad heter du? (Hur kallar de dig?)
- Меня́ зову́т Тама́ра. — Jag heter Tamara.

Меня́ зову́т ... och Вас зову́т ... används med förnamn och fadersnamn (se sidan 50). För att fråga om någons efternamn använder man:
- Как ва́ша фами́лия? — Vad är ert efternamn?
- Моя́ фами́лия Све́нссон. — Mitt efternamn är Svensson.

Levande ackusativ
Ackusativändelserna hos maskulina levande substantiv i singular är samma som genitiv singular: Так вы зна́ете Вади́ма?! Se Ruslan 2 lektion 8.

Utländska ord
En del ord av utländsk härkomst ändrar aldrig sina ändelser:
　ко́фе, такси́, метро́

вино́ - "vin" är ett undantag och ändras:
　Нет вина́. Det finns inget vin.

Sådana ord är neutrum.

ко́фе - "kaffe" kan vara antingen maskulinum eller neutrum.　　　www

De opersonliga uttrycken мо́жно och нельзя́
Använd dessa med мне och вам och andra ord i dativ (lektion 9)
- мне мо́жно — jag får (för mig är det möjligt)
- вам нельзя́ — ni får inte (för er är det inte möjligt)

- Мо́жно мне чай? — Kan jag få te?
- Мне нельзя́ ко́фе. — Jag kan inte dricka kaffe.

ИНФОРМАЦИЯ

Ryssarna har tre namn:
   förnamn - и́мя,
   fadersnamn - о́тчество
   och efternamn - фами́лия.

Алекса́ндр Серге́евич Пу́шкин и
Ната́лья Никола́евна Гончаро́ва.

www **Förnamn - и́мя -** används ensamt i informella situationer.
Förnamn slutar vanligen på en konsonant, eller på -й eller -ь för en man:
Влади́мир / Серге́й / И́горь
och på -а, -ья, -ия eller -ь för en kvinna:
Людми́ла / Ната́лья / Мари́я / Любо́вь.
Ofta blir förnamnet en diminutiv. Ива́н blir Ва́ня, Тама́ра blir То́ма.
Ibland kan det finnas många möjliga diminutiver.
Till exempel kan Людми́ла kallas Лю́да, Лю́дочка, Ми́ла, Ми́лочка eller Лю́ся.

Fadersnamn - о́тчество - bildas av faderns förnamn.
- för en man lägger man till -ович eller -евич
- för en kvinna lägger man till -овна eller -евна
Влади́мир Влади́мирович Пу́тин   - Vladimir Vladimirs son Putin.
Юрий Алексе́евич Гага́рин - Jurij Aleksejs son Gagarin
Валенти́на Влади́мировна Терешко́ва - Valentina Vladimirs dotter Teresjkova

I formella situationer och situationer som har att göra med arbete används
normalt förnamnet och fadersnamnet:
   Влади́мир Влади́мирович   /   Людми́ла Алекса́ндровна

Efternamn - фами́лия
För en man slutar detta på:
-ов, -ёв, -ев, -ин, -о́й eller -ский
   Козло́в - Андре́ев - Ми́нский
För en kvinna slutar det på:
   -ова, -ёва, -ева, -ина, -ая eller -ская
   Козло́ва - Андре́ева - Ми́нская
De flesta efternamn med andra ändelser är icke-ryska namn:
   Громы́ко - Шеварна́дзе - Ко́рбут
Icke-ryska namn brukar inte ändra sina ändelser, med undantag för manliga
namn som slutar på en konsonant.

Дми́трий Анато́льевич Медве́дев
и Влади́мир Влади́мирович Пу́тин

| УПРАЖНЕНИЯ | УРОК 3 |

1. Да и́ли нет?

а.	Ива́н Козло́в – бизнесме́н.	Да / Нет
б.	Ива́н из Москвы́.	Да / Нет
в.	Людми́ла из Сара́нска.	Да / Нет
г.	Зо́я Петро́вна из Ло́ндона.	Да / Нет
д.	Сара́нск о́чень бли́зко от Москвы́.	Да / Нет
е.	У Людми́лы от ко́фе аллерги́я.	Да / Нет
ж.	Сувени́р из Ло́ндона для Вади́ма.	Да / Нет

2. Далеко́ и́ли бли́зко?

а.	Сара́нск далеко́ от Москвы́?	Да / Нет / Не о́чень
б.	Новосиби́рск далеко́ от Москвы́?	Да / Нет / Не о́чень
в.	Хаба́ровск далеко́ от Владивосто́ка?	Да / Нет / Не о́чень
г.	Минск далеко́ от Смоле́нска?	Да / Нет / Не о́чень
д.	Бирминге́м далеко́ от Ло́ндона?	Да / Нет / Не о́чень

Ställ fler frågor om städer du känner till.

3. Finn det rätta ordet!

а.	_____ мне ко́фе?	Мо́жно / О́чень
б.	Я вас не _____.	понима́ю / понима́ете
в.	Скажи́те, у _____ моя́ су́мка?	вам / вас
г.	Вы хорошо́ _____ Ло́ндон?	зна́ю / зна́ете
д.	У меня́ нет _____.	ви́за / ви́зы
е.	Это далеко́ от _____.	гости́ница / гости́ницы
ж.	Я не зна́ю, как _____ зову́т.	вам / вас
з.	Биле́т_____ меня́?	для / у
	Нет, он для _____.	ма́ма / ма́мы

4. Арифме́тика

а.	Два плюс два?
б.	Три плюс четы́ре?
в.	Де́сять ми́нус оди́н?
г.	Пять ми́нус два?
д.	Шесть ми́нус два, ми́нус четы́ре?
е.	Четы́ре плюс два ми́нус шесть?
ж.	Де́сять ми́нус де́сять плюс шесть?
з.	Оди́н плюс два плюс три?

Gör egna frågor med svar som inte är över tio.

ЧИТАЙТЕ! УРОК 3

1. **Zoja Petrovnas familj.** Lista ut vem som passar in var genom att titta på förnamnen och fadersnamnen ...

Тама́ра Серге́евна + 1

Зо́я Петро́вна + 2   3 + Никола́й Ви́кторович
                                           |
                                           4
Вади́м Бори́сович   5 + Па́вел Андре́евич
                                           |
Мари́на Па́вловна   6
Гали́на Бори́совна
Ива́н Никола́евич
Ни́на Петро́вна
Бори́с Влади́мирович
Пётр Степа́нович

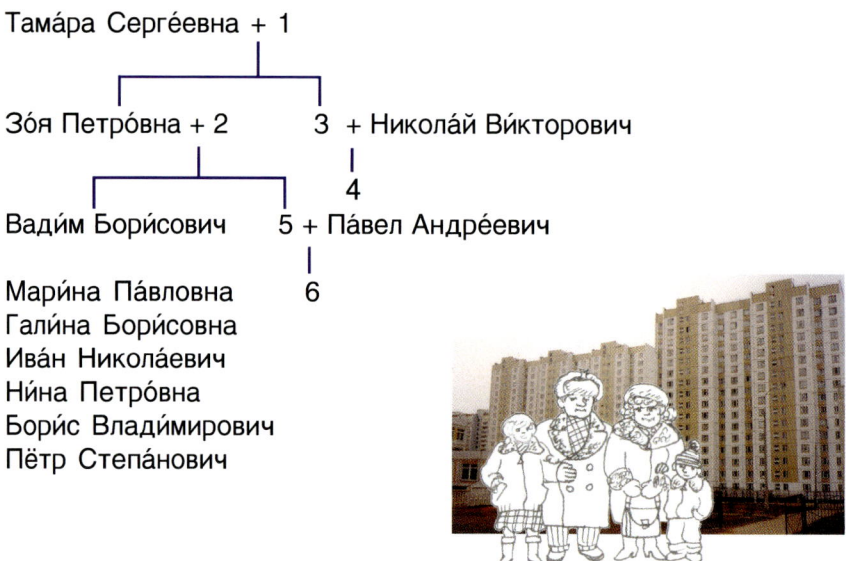

2. **«КЛУБ ШАНС»** - Klubb "Chansen"
Läs annonserna och bestäm vilka du vill para ihop för en blindträff!

40
Меня зовут Елена. Мне 28 лет.
Я из Волгограда. Люблю кино, театр, спорт. Я оптимистка.
Мой телефон: (8442) 63-02-45.

41
Мне 35 лет. Я из Подольска, недалеко от Москвы. Люблю театр, балет и кино. Адрес:
г. Подольск. Василий Нудин.
Эл. почта: vnudin@mail.ru
Можешь найти меня в Фейсбуке.

42
Мне 30 лет. Я журналистка.
Мои интересы: балет, опера, театр и классическая музыка.
г. Москва,
Эл. почта: Ivanova267@rambler.ru
Иванова Мария Алексеевна.

43
Меня зовут Егор. Я из Волково (недалеко от Волгограда).
Я профессиональный спортсмен-футболист. Я люблю кино.
Тел: (8442) 84-16-75

Мне 28 лет	- Jag är 28 år
эл. по́чта	- e-post
найти́	- att hitta
я люблю́	- Jag älskar

I en e-postadress heter @-tecknet "соба́ка" (hund) och punkt heter "то́чка".

Gör egna kort på ryska för **«КЛУБ ШАНС»** och använd verklig eller påhittad information. Sätt upp dem på väggen och arrangera egna blindträffar!

| ПИШИТЕ! | SKRIV | УРОК 3 |

Skriv på ryska:
Två ryska mäns efternamn
som inte finns på sidan 50: _____
_____

Två ryska kvinnors efternamn: _____
_____

Två ryska mäns fadersnamn: _____
_____

Två ryska kvinnors fadersnamn: _____
_____

СЛУШАЙТЕ!

Ljudmila talar med Zoja Petrovna om Ivan ...
1. Vilken är relationen mellan Ivan och Zoja Petrovna?
2. Var kommer Zoja Petrovna ursprungligen ifrån?
3. Vad heter hennes syster?
4. Känner Ivan och Vadim varandra?

🎤 44

ГОВОРИТЕ!

1. **Как вас зовут?**
   Fråga varandra vad ni heter. Använd först ditt riktiga namn. Ge sedan dig själv ett ryskt förnamn och gör det igen. Ge sedan dig själv ett ryskt fadersnamn och efternamn och gör det igen.
   – Как вас зовут?
   – Меня зовут Иван Петрович.
   – А как ваша фамилия?
   – Моя фамилия Иванов.

2. **Användning av genitiv**
   Tillverka ett antal kort med ryska namn, ett namn per kort.
   Låtsas att korten är kursdeltagarnas biljetter. En deltagare delar ut korten och de andra deltagarna får säga vems biljett det är.

   – Это билет Наташи!
   – Это билет Ивана!

   | Борис - Иван - Степан - Олег - Вадим - Игорь - Андрей |
   | Анна - Наташа - Лара - Нина - Тамара - Людмила - Ирина |

ГОВОРИТЕ! УРОК 3

3. **Frågor och svar till teckningen på sidan 39**
   Ge människorna på teckningen ryska namn.
   Spekulera om vem som kan vara släkt med vem.
   – Это муж Анны?
   – Нет. Это муж Ири́ны.

4. **Го́род «Нет»**
   Ställ frågor till varandra om en stad som inte har någon service alls.
   Где гости́ница?
   Здесь нет гости́ницы!
   Где рестора́н?
   Здесь нет рестора́на!

5. **Rollspel (arbeta i par)**
   Du hjälper en rysk vän som besöker Sverige och du ska presentera dina bekanta för honom / henne senare samma dag. Dessa personer är:

   Peter Jonsson, journalist, från Stockholm
   Rune Svensson, affärsman, från Skellefteå
   Veronica Lundberg, student, från Umeå
   Eva Stenberg, journalist, från Malmö

   Förbered din vän för mötet genom att säg vilka dina vänner är och var de kommer ifrån. Lägg gärna till egna exempel.

6. **Kommunikationsövning (arbeta i grupp)**
   Ge varje deltagare i gruppen ett ryskt namn. Använd ett antal föremål som du känner till på ryska:

   па́спорт - кассе́та - вино́ - лимона́д - биле́т - су́мка - сувени́р

   En person går ut ur rummet och de andra bestämmer att varje person äger ett eller flera föremål.

   Personen kommer in och skall lista ut vem som äger vad genom att använda sig av genitivändelse:

   – Это па́спорт Бори́са?
   – Нет, э́то не мой па́спорт!

   – Это вино́ Ната́ши?
   – Да, э́то моё вино́!

Сувени́р из Москвы́

ЧИТАЙТЕ И ПИШИТЕ!   УРОК 3

Антон и Вера

Вот квартира. Здесь живут Антон и Вера. Антон Михайлович Петров – это старый друг Игоря, а Вера Владимировна Петрова – это его жена. Квартира недалеко от метро «Площадь Ленина».

У Антона и Веры два сына, Сергей и Вадим. Сергей – программист. Вадим – музыкант. Жена Вадима Мария – украинка. У Вадима и Марии есть дочка Елизавета. Значит Антон – дедушка, а Вера – бабушка.

У Антона и Веры есть сувенир из Америки для Игоря. Это картина из Калифорнии.

квартира	- lägenhet	(он / она) живёт	- (han / hon) bor
(они) живут	- (de) bor	украинка	- ukrainska
старый	- gammal	значит	- det betyder
друг	- vän	картина	- en bild
его	- hans	Калифорния	- Kalifornien
программист	- programmerare		

Вопросы к тексту
а. Это квартира Игоря?
б. Где квартира?
в. Кто Сергей?
г. Вадим – программист?
д. Антон – дедушка?
е. Вера – бабушка?
ж. Мария русская?
з. Кто Елизавета?

Переведите!
– Hej! Mitt namn är Natasha. Vad heter ni?
– Mitt namn är Boris. Jag är från Moskva. Och ni?
– Jag är från Kiev. Jag är ukrainska.
– Kan jag få en kaffe? Jag är allergisk mot te.
– Vi har bara te eller lemonad.
– OK, en lemonad tack.
– Jag har en souvenir till er.
– Vad är det? En bild! Utmärkt! Tack! Är den från Washington?
– Nej, den är från Boston.
– Är det er bok?
– Nej, det är inte min. Det är Marinas bok. Och detta är Antons bok.

красивый	- vacker
город	- stad
легко	- det är lätt
к нему	- till honom
приехать	- att komma (vid transport)

Стихотворение - Dikt
Красивый город Петербург!
Антон и Вера там живут.
Есть в этом городе метро.
Антон живёт недалеко:
От центра города легко
К нему приехать на метро!
С.М. Козлов. 2008

| LEKTION 4 | ГДЕ ВЫ БЫЛИ? | УРОК 4 |

Ivan är kvar i Zoja Petrovnas lägenhet och möter Vadim. Igor är hos Anton och Vera i S:t Petersburg.

I den här lektionen kommer du att:
- lära dig att säga var du har varit och att prata om dåtid i vissa situationer
- lära dig att tala om länder du har besökt och språk du talar
- lära dig siffrorna 10-100
- lära dig årets månader.

Grammatikdelen omfattar:
- användningen av **ты** - "du"
- lokativ som används vid **в** och **на** i betydelsen "i", "på" en plats
- infinitiv som slutar på **-ать, -ить** eller **-еть**
- grundreglerna för preteritum
- genitivändelser av feminina substantiv som slutar på **-ия**
- den fullständiga böjningen i presens av verbet **знать** - "att veta".

Det finns information om ryska helgdagar och om jul och nyår i Ryssland och en sång «Из аэропо́рта в центр».

Ruslan Ryska 1 Övningsbok innehåller 19 extra övningar till den här lektionen.

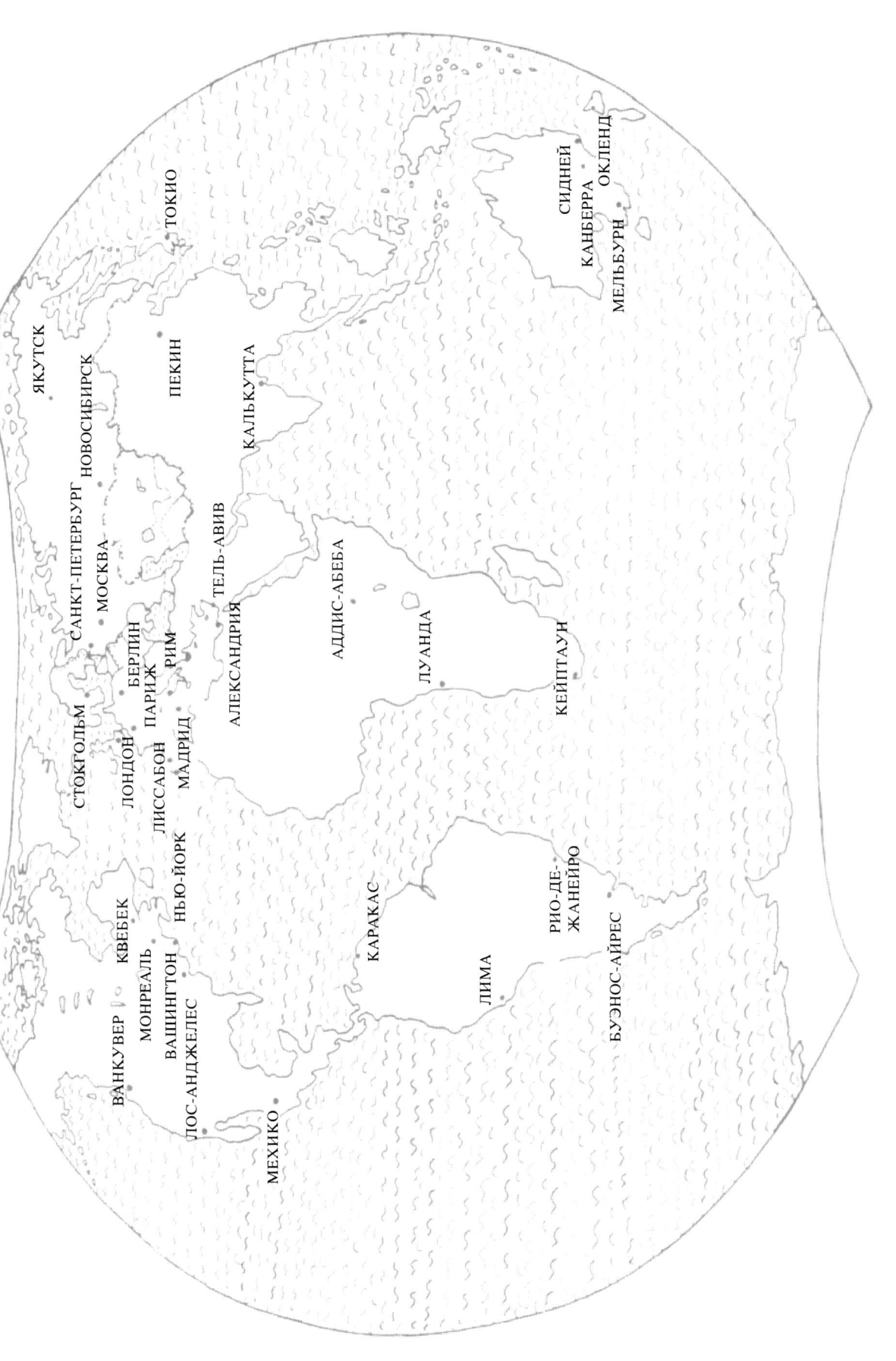

ДИАЛОГИ   УРОК 4

I Zvonovs lägenhet

47

Зоя Петровна:	Так вы сегодня прямо из Лондона?
	А что вы там делали? Работали?
Иван:	Да, я работал. А что вы там делали, Людмила?
Людмила:	Я уже говорила.

Dörrklockan ringer

48

Зоя Петровна:	Я думаю, что это Вадим. Я сейчас...
Зоя Петровна:	Вадим, проходи скорее, смотри, кто у нас.
Вадим:	Людмила! Вот это сюрприз! А мы вас сегодня не ждали.
Зоя Петровна:	Мы ждали вчера.
Людмила:	Вот как?!
Вадим:	Ну, я очень рад вас видеть.
Людмила:	Я тоже очень рада.

49

Зоя Петровна:	Вадим, это Иван.
Вадим:	Иван??
Зоя Петровна:	Иван Козлов... из Саранска.
Вадим:	Ах, ну да, конечно. Иван Козлов из Саранска. Конечно. Очень приятно! Саранск. Да, слышал. Столица Мордовии, да? Это далеко?
Иван:	Не очень далеко. Тридцать часов на поезде.*
Людмила:	Иван был в Лондоне.
Вадим:	В Лондоне? А что вы там делали?
Иван:	Работал. У меня была командировка в Лондон.
Вадим:	Очень интересно! Бизнесмен из Саранска работает в Лондоне?!

* Ivan hade fel. Det tar ca 9 timmar från Moskva till Saransk med tåg: Девять часов на поезде.

50

Зоя Петровна:	Вадим, ты сегодня обедал?
Вадим:	Да, обедал. Так вы бизнесмен?! Это очень интересно! А что вы делаете в Москве?
Иван:	У меня здесь тоже работа.
Вадим:	Наверно, вы миллионер. У вас фирма в Москве, и сегодня вы прямо из Лондона... Очень интересно! А я Вадим Борисович Звонов. Кинокритик. Вот, пожалуйста, моя визитка. А вы, простите?...
Иван:	Иван Николаевич Козлов.
Вадим:	Очень рад, Иван Николаевич. Бизнесмен, миллионер из Саранска. Прекрасно! А где ещё вы были? В Вашингтоне? В Нью-Йорке? В Токио?
Зоя Петровна:	Люда! Вадим! Иван! Идите обедать!
Людмила:	С удовольствием, Зоя Петровна.
Вадим:	Иван Николаевич, проходите, пожалуйста. А скажите, вы говорите по-английски...?

быть	att vara	слы́шать	att höra
так	så	слы́шал	jag har hört
сего́дня	idag	столи́ца	huvudstad
(Observera att г uttalas som в - "v".)		три́дцать часо́в	trettio timmar
де́лать	att göra	на по́езде	med tåg
рабо́тать	att arbeta	командиро́вка	affärsresa
уже́	redan	интере́сно	intressant
говори́ть	att säga, tala		
		ты	du
ду́мать	att tänka, tycka, tro	обе́дать	att äta lunch
Проходи́!	Kom in! (se sidan 60)	рабо́та	arbete
скоре́е	snabbare	наве́рно	antagligen
Смотри́!	Titta! (se sidan 60)	миллионе́р	miljonär
сюрпри́з	överraskning	фи́рма	firma
мы	vi	кинокри́тик	filmkritiker
ждать	att vänta	визи́тка	visitkort
вчера́	igår	Прости́те!	Förlåt!
Вот как!	Jaså!	прекра́сно	fantastiskt, underbart
ну	jaha; hur som helst		
рад	glad (m.)	ещё	ännu, ytterligare
ра́да	glad (f.)	Иди́те!	Gå! Kom!
ви́деть	att se	с удово́льствием	med nöje
то́же	också	по-англи́йски	på engelska

ИНФОРМАЦИЯ УРОК 4

Moskva och landsorten

Vadims inställning till Saransk är lätt att märka på tonen i hans röst.
  - Сара́нск. Да, слы́шал. Столи́ца Мордо́вии, да?
Att bo i Moskva har länge varit ett avsevärt privilegium och mindre städer i Ryssland anses ofta som lite lantliga. Saransk, en stad med cirka 350.000 invånare som ligger sydost om Moskva, är en av dessa. Saransk är huvudstad i Mordovia och en stor producent av glödlampor.

По́езд в Сара́нск

Tal mellan 10 och 100

10	де́сять
11	оди́ннадцать
12	двена́дцать
13	трина́дцать
14	четы́рнадцать
15	пятна́дцать
16	шестна́дцать
17	семна́дцать
18	восемна́дцать
19	девятна́дцать
20	два́дцать
21	два́дцать оди́н
22 etc.	два́дцать два ...
30	три́дцать
31 etc.	три́дцать оди́н ...
40	со́рок
50	пятьдеся́т
60	шестьдеся́т
70	се́мьдесят
80	во́семьдесят
90	девяно́сто
100	сто

Årets månader

янва́рь
февра́ль
март
апре́ль
май
июнь
июль
а́вгуст
сентя́брь
октя́брь
ноя́брь
дека́брь

Коло́менское в январе́

ГРАММА́ТИКА УРО́К 4

Ты и вы

Det är normalt att använda **ты** när man talar till barn och **вы** när man talar till vuxna om de inte är släktingar eller nära vänner. Det är ändå tillrådligt att vänta på att ryssen tar inititivet till att man skall du varandra genom att säga:

    Мо́жно на ты?   Kan vi säga "du"?   eller
    Дава́й на ты!   Låt oss använda "du"!

Zoja Petrovna använder **ты** när hon talar med sin son Vadim:

    Вади́м, ты сего́дня обе́дал?   Vadim, har du ätit lunch idag?

När man talar med mer än en person, använd alltid **вы**.
I brev och officiella dokument skrivs Вы med stor bokstav.

Смотри́! Titta!
Imperativsuffixet -те används inte med ты.
Здра́вствуйте! har familjärformen Здра́вствуй!

Infinitiver
Ett stort antal infinitiver i ryska slutar på -ать, -ить eller -еть:
 понима́ть - att förstå / говори́ть - att tala / ви́деть - att se

Preteritum (dåtid) bildas genom att man ersätter infinitivändelsen -ть med:
- -л   om subjektet är maskulinum
- -ла om subjektet är femininum
- -ло om subjektet är neutrum
- -ли om subjektet är plural.

Ива́н не рабо́тал вчера́.   Ivan arbetade inte igår.
Людми́ла уже́ обе́дала.   Ljudmila har redan ätit lunch.

Preteritum av быть - "att vara"
Använd former av быть för att säga "var":

Maskulinum	он / я / ты был	Neutrum	оно́ бы́ло
Femininum	она́ / я / ты была́	Plural	они́ / мы / вы бы́ли

Вади́м был в теа́тре.   Vadim var på teatern.
Людми́ла была́ в Ло́ндоне.   Ljudmila har varit i London.
Вы бы́ли в Вашингто́не?   Har ni varit i Washington?

> Partikeln не betonas i maskulinum, neutrum och plural:
> Он не́ был там. Han har inte varit där.

Столи́ца Мордо́вии
Feminina substantiv som slutar på -ия har genitivändelsen -ии:
 чемпио́н Росси́и   Rysslandsmästare
 сувени́р из Калифо́рнии   en souvenir från Californien

Lokativ används efter в och на för att säga var någon eller något är. Det svarar på frågan где? - "var?".

De flesta substantiv i lokativ singular slutar på -e. Detta läggs till maskulina substantiv och ersätter den feminina ändelsen på -а eller -я:
 Где ваш биле́т?   В су́мке.
 Где Эрмита́ж?   В Санкт-Петербу́рге.
 Где рестора́н?   На Арба́те.

Feminina substantiv på -ия får i lokativ -ии:
 Росси́я   в Росси́и
Feminina substantiv på -ь får i lokativ -и:
 Сиби́рь   в Сиби́ри

Den fullständiga böjningen i presens av verbet знать - "att veta"

я зна́ю	-	jag vet	мы зна́ем	- vi vet
ты зна́ешь	-	du vet	вы зна́ете	- ni vet
он зна́ет	-	han vet	они́ зна́ют	- de vet
она́ зна́ет	-	hon vet		

УПРАЖНЕНИЯ УРОК 4

1. Välj rätt svar!

а. Что Иван делал в Лондоне?
б. Людмила была в Лондоне?
в. Иван из Москвы?
г. Иван был в Лондоне?
д. Вадим обедал сегодня?

Нет, он из Саранска.
Да, он обедал.
Он работал.
Да, она была в Лондоне.
Да, он был в Лондоне.

2. Välj rätt ord!

а. Большой театр _____ Москвы.
б. У Ивана _____ три сувенира.
в. Сегодня я обедаю _____.
г. До Саранска 15 часов _____.
д. Виза _____.

в чемодане
на поезде
в центре
в ресторане
в паспорте

3. Välj rätt ord!

а. Где вы _____ вчера?
б. Вадим не _____ в Лондоне.
в. Зоя Петровна тоже не _____ в Лондоне.
г. Он уже _____ в Лондоне и в Токио.
д. Вчера мы _____ в ресторане.

был
была
были

е. Что вы _____ в Лондоне?
ж. Вы _____ вчера?
з. Он _____, что я _____ в Саранске.
и. Я _____ вас в ресторане.

работали
был
знал
делали
ждал

4. Иван и Людмила. Ändra dialogerna till preteritum (dåtid)

Иван: Что вы делаете в Лондоне? _____

Людмила: Я работаю. _____

Иван: А где в Лондоне вы работаете? _____

Людмила: Я работаю в центре. _____

Иван: А где вы живёте? _____

Людмила: Я живу в гостинице. _____

5. **Fyll i verben i presensform (nutid)**

а. Я не _____, где у́лица Че́хова.   [знать]
б. Вы _____, что Ива́н миллионе́р?   [ду́мать]
в. Где вы _____ сего́дня?   [обе́дать]
г. Они́ _____ в теа́тре.   [рабо́тать]
д. Иностра́нец не _____.   [понима́ть]
е. Ты _____, где она́ _____?   [знать, рабо́тать]
ж. Мы _____ в рестора́не.   [обе́дать]

ЧИТА́ЙТЕ!

Национа́льные пра́здники Росси́йской Федера́ции
1. Vilka månader har de flesta officiella helgdagarna?
2. Vilka ryska och svenska officiella helgdagar är gemensamma?

НАЦИОНАЛЬНЫЕ ПРАЗДНИКИ

Но́вый год и Рождество́	1-8 января́
День защи́тника Оте́чества	23 февраля́
Междунаро́дный же́нский день	8 ма́рта
Пра́здник Весны́ и Труда́	1 ма́я
День Побе́ды	9 ма́я
День Росси́и	12 ию́ня
День наро́дного еди́нства	4 ноября́

53

национа́льный	national-, nationell
пра́здник	helgdag; högtid
но́вый	ny
год	år
Рождество́	Jul
день	dag
защи́тник	försvarare
оте́чество	fosterland
междунаро́дный	internationell
же́нский	kvinno-, kvinnlig
весна́	vår (årstid)
труд	(tungt) arbete
побе́да	seger
наро́дный	folk-, folklig
еди́нство	enhet

День Побе́ды

Ryssarna använder den ortodoxa kyrkokalendern för vissa högtider. Juldagen är t ex den 7 januari och Oktoberrevolutionen den 7 november.

СЛУШАЙТЕ! УРОК 4

54
Ljudmila och Vadim pratar vid middagen.
а. Är Vadim säker på att Ivan är rik?
б. Är Vadim miljonär?
в. Vilket hotell säger Ljudmila att hon bodde på i London?

ЧИТАЙТЕ И ПИШИТЕ!

Ljudmila fick det här meddelandet. Låtsas att du är hon och skriv ett svar.
Be läraren titta på resultatet innan du skriver en slutlig version.

55

> Ресторан „Прага". Суббота.
> Людмила!
> Где Вы были? Я долго
> ждал сегодня в ресторане.
> Может быть, Вы забыли?
> Может быть, Вы работали?
> Пожалуйста, позвоните.
> Ваш Степан.

встре́ча	- möte
забы́ть	- att glömma
до́лго	- länge
мо́жет быть	- kanske

Skriv och be om ursäkt för att du glömde mötet. Du arbetade denna dag i Stockholm.

| ГОВОРИТЕ! | УРОК 4 |

1. **Frågor och svar till kartan på sidan 57**
   Prata om världskartan. Vilka städer kan du identifiera i Ryssland? Vilka städer har du besökt? Ställ frågor till varandra som kan besvaras med ja/nej svar.

   – Вы бы́ли в Мадри́де?
   – Нет, я не́ был(а́) в Мадри́де.

   > Observera att namn på städer som inte är ryska och som inte slutar på "-а", "-я", "-ь" och "-й" eller på en konsonant sällan ändrar sin ändelse.

2. **Arbeta i par**
   Vilka av följande städer har du besökt?
   Jämför svaren med andra deltagare i gruppen.
   Kontrollera uttalet med läraren innan du börjar.

   > Ло́ндон - Пари́ж - Берли́н - Санкт-Петербу́рг
   > Мадри́д - Ливерпу́ль - Москва́ - Чика́го
   > Бирминге́м - Амстерда́м - Нью-Йорк

   – Вы бы́ли в Берли́не?
   – Да, я был / была́ в Берли́не.
   – А вы бы́ли в Чика́го?
   – Нет, не́ был / не была́.

3. **Konversationsövning för en grupp**
   Högst sex personer ställer sig i en cirkel.
   Den första personen säg var han/hon var igår med hjälp av att använda en byggnad och en stad.
   Nästa person repeterar första personens svar och avger själv ett svar. Fortsätt så runt hela cirkeln.

   1. Я был в рестора́не в Москве́.
   2. Ха́мпус был в рестора́не в Москве́, а я была́ в рестора́не в Ло́ндоне.
   3. Ха́мпус был в рестора́не в Москве́, Эмма была́ в рестора́не в Ло́ндоне, а я был в теа́тре в Ло́ндоне.
   etc.

   Den sista personen måste minnas allt, men kan be om hjälp.
   Arbeta sedan i par och försök sedan att minnas så mycket som möjligt.

ГОВОРИТЕ!	УРОК 4

4. **Länder och språk**

Fråga olika personer i gruppen vilka språk de kan tala och hur bra:
- Вы говорите по-французски?
- Да.
- Вы хорошо говорите по-французски?
- Нет, не очень хорошо.

Länder	Språk
Англия	по-английски
Германия	по-немецки
Греция	по-гречески
Дания	по-датски
Испания	по-испански
Италия	по-итальянски
Китай	по-китайски
Норвегия	по-норвежски
Польша	по-польски
Россия	по-русски
Украина	по-украински
Финляндия	по-фински
Франция	по-французски
Швеция	по-шведски
Япония	по-японски

Hur bra talar du?	Как вы говорите?
bra	хорошо
ganska bra	довольно хорошо
väldigt bra	очень хорошо
inte så bra	не очень хорошо
lite	немножко
dåligt	плохо

5. **Вы были в России?**

Fråga vilka länder dina kamrater i gruppen har varit i.
- Вы были в Англии?
- Да, я была в Англии? А вы были во Франции?
- Нет, я не был во Франции.

Fråga om dina kamrater kan tala ländernas språk:
- А вы говорите по-английски?
- Да, я говорю по-английски.

6. **Кто миллионе́р?**
    Kommunikationsövning: "Я ду́маю, что..."
    En person går ut ur rummet. De andra bestämmer sig för vem som skall vara miljonär
    – Кто миллионе́р?
    Personen som gått ut kommer in och får gissa:
    – Я ду́маю, что Мэ́ри – миллионе́р
    – Нет. Я не миллионе́р
    – Я ду́маю, что ... и т.д.

7. **Арифме́тика**
    Ställ frågor till varandra med tal. Svaren ska ej vara högre än 100.
    – Два́дцать два плюс два́дцать два?   – Со́рок четы́ре!
    – Три́дцать ми́нус оди́ннадцать?   – Девятна́дцать!
    и т.д.

NYÅR OCH JUL

Firandet börjar inte förrän på nyårsafton då man har en nyårsgran och dricker champagne vid midnatt. Nyårsdagen är den dag då barnen får sina presenter. Det är Дед Моро́з (Farfar Frost) och hans lilla hjälpreda Снегу́рочка (Snöflickan) som kommer med presenterna.

Nyår är en lång officiell helg i Ryssland. Sedan firas jul enligt den gamla ortodoxa kalendern den sjunde januari. Detta är en religiös helg med midnattsmässa i kyrkorna.

Det "gamla nyår" (nyår enligt den ortodoxa kalendern) firas den 13 januari.

nyår	Но́вый год
nyårsgran	ёлка
champagne	шампа́нское
presenter	пода́рки
jultomten	Дед Моро́з
Snöflickan	Снегу́рочка
jul	Рождество́
gamla nyår	Ста́рый Но́вый год

С Но́вым Го́дом!
Gott Nytt År!

God Jul!   С Рождество́м!
Gott Nytt År!   С Но́вым го́дом!
Dessa ändelser är böjda i instrumentalis - se lektion 10.

ЧИТАЙТЕ И ПИШИТЕ!   УРОК 4

У Антóна и Вéры

Игорь в квартúре у Антóна и Вéры. Вéра óчень рáда егó вúдеть. Но Антóн не óчень рад. Он учúтель в шкóле. У негó мнóго рабóты.

Вéра – журналúст. Онá рабóтает в газéте «Аргумéнты и Фáкты». Рáньше онá жилá и рабóтала в Москвé. Там тáкже рабóтала её коллéга Людмúла Кúсина, бы́вшая женá Игоря. Да, у Игоря рáньше былá женá Людмúла и есть сын Руслáн. Но тепéрь Игорь живёт одúн.

Вéра былá в США, в Китáе, в Япóнии и в Мéксике. Онá хорошó говорúт по-англúйски и по-испáнски и немнóжко понимáет по-китáйски. Онá не говорúт по-япóнски. Онá говорúт, что в Нью-Йорке и Пекúне бы́ло óчень интерéсно.

Игорь был в командирóвке в Украúне, Гермáнии и Пóльше. Он хорошó говорúт по-немéцки и немнóжко понимáет по-пóльски. Он не говорúт по-украúнски, но егó партнёр в Кúеве говорúт по-рýсски.

Кúев. Вокзáл

Вопрóсы к тéксту
а. Где живýт Антóн и Вéра?
б. Кто муж Вéры?
в. Где он рабóтает?
г. Где рабóтает Вéра?
д. Где онá рабóтала рáньше?
е. Где онá былá?
ж. Онá говорúт по-англúйски?
з. Игорь говорúт по-украúнски?
и. Кто говорúт по-украúнски?

учúтель	-	lärare
шкóла	-	skola
мнóго	-	mycket
у негó	-	han har
газéта	-	tidning
аргумéнты	-	argument (pl.)
фáкты	-	fakta
коллéга	-	kollega
бы́вший	-	före detta (adj.)
рáньше	-	tidigare
тáкже	-	också
США	-	USA
Мéксика	-	Mexiko
немнóжко	-	lite
Пекúн	-	Peking
партнёр	-	arbetspartner

Переведúте!
– Vad gjorde ni i Washington?
– Jag arbetade där. Jag var på affärsresa till USA.
– Mycket intressant! Var ni i New York?
– Ja. Jag har en arbetspartner där.
– Är New York långt från Washington?
– Inte så långt. Fyra timmar med tåg.
– Var annars (Где ещё) har ni varit?
– Jag har varit i Ryssland, Japan och Kanada.
– Så intressant! Vad gjorde ni där?
– Ursäkta. Jag har mycket arbete i dag. Här är mitt visitkort.
– Tack. Och er firma är i Samara! Så intressant!
– Ja, i Samara. Ursäkta. Hej då.

ПЕСНЯ   SÅNG

«Из аэропо́рта в центр»

Из аэропо́рта как пое́дем
в центр го́рода Москвы́?
Авто́бус есть, но, как тури́сты, } x 2
мы пое́дем на такси́.

Там, в це́нтре, мы посмо́трим
Моско́вский Кремль и Мавзоле́й,
а е́сли бу́дет у нас вре́мя, } x 2
мы посмо́трим и музе́й!

Вы не ска́жете, Мари́на,
где здесь у́лица Арба́т?
Она́ не зна́ет, я не зна́ю, } x 2
э́то на́до нам узна́ть!

Till melodin från den gamla ryska
sången «Из-за острова на стрежень»   🎤 57

До Арба́та не о́чень бли́зко.
Где здесь ста́нция метро́?
А я хочу́ в Большо́й теа́тр. } x 2
Это то́же далеко́!

А вы зна́ете, где Ва́ня?
Нет, не зна́ю. Где же он?
Там в ГУ́Ме покупа́ет } x 2
он моби́льный телефо́н.

мы	vi
как	hur, som
мы пое́дем	vi kommer att åka
го́род	stad
тури́сты	turister
мы посмо́трим	vi kommer att titta på
Моско́вский Кремль	Moskvas Kreml
Мавзоле́й	(Lenins) mausoleum
е́сли бу́дет у нас вре́мя	om vi har tid
Вы не ска́жете?	Kan ni säga?
на́до нам узна́ть	vi måste ta reda på
о́чень	mycket
я хочу́	jag vill
Ва́ня	Vanja (diminutivform av Ivan)
ГУМ	GUM (huvudvaruhuset)
он покупа́ет	han köper
моби́льный телефо́н	mobiltelefon

Ру́сские бизнесме́ны в Англии

Ру́сские бизнесме́ны в Шве́ции

Ruslan 1 Lektion 4

| LEKTION 5 | ГОСТИНИЦА | УРОК 5 |

Ivan bokar in sig på Hotell Mars, hittar sitt rum och ringer till Ljudmila för att bjuda ut henne. Igor åker på en affärsresa till Novosibirsk.

I den här övningen kommer du att:
- lära dig några av de ord du behöver om du bor på ett ryskt hotell
- lära dig hur man fyller i en registreringsblankett på ett ryskt hotell
- lära dig att fråga om det är öppet
- lära dig veckans dagar.

Grammatikdelen omfattar:
- adjektivens kortform, t ex **открыт** - "öppen" och **закрыт** - "stängd"
- presens av verbet **говорить** - "att tala"
- verbaspekter, imperfektiva och perfektiva
- användningen av **с** med genitiv i betydelsen "från" om tid
- användningen av **у меня** och **у вас** för att uttrycka "jag har" och "ni har".

Det finns information om Kreml och om hotell, och om GUM - ГУМ - det tidigare "Statliga Varuhuset".

Ruslan Ryska 1 Övningsbok innehåller 16 extra övningar till den här lektionen.

Гостиница Балчуг в центре Москвы

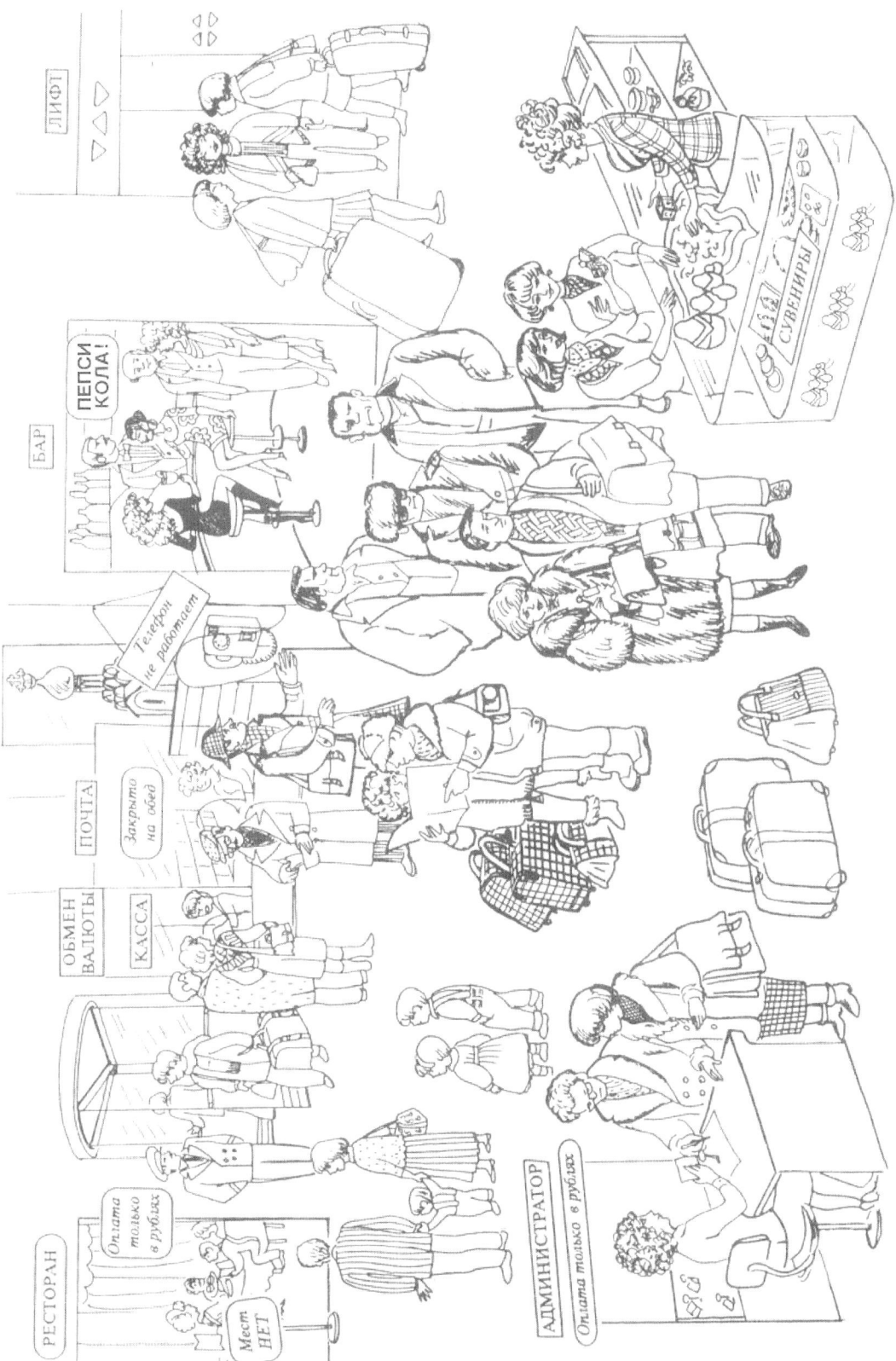

ДИАЛОГИ   УРОК 5

Иван в гостинице «Марс»

🎤 58

Иван:	Здравствуйте!
Администратор:	Я вас слушаю.
Иван:	Можно заказать номер?
Администратор:	Сейчас... Да, можно. Вы один?
Иван:	Да, один. До пятницы можно?
Администратор:	До пятницы? Да, это можно. Заполните этот бланк.

🎤 59

Иван:	Вот, пожалуйста.
Администратор:	Хорошо. Вы из Саранска, да? Вот ключ. Ваша комната номер двадцать пять. Это налево. У вас есть багаж?
Иван:	Да, вот: чемодан и сумка. Скажите, в номере есть телефон?
Администратор:	Конечно, всё есть. Телефон, телевизор, душ.
Иван:	И всё работает?
Администратор:	Вот это я не знаю.
Иван:	А ресторан есть в гостинице?
Администратор:	Да, ресторан и буфет. В ресторане есть бар.
Иван:	Бар сейчас открыт?
Администратор:	Нет. Он закрыт. Сейчас уже поздно.
Иван:	Как жаль! А когда работает ресторан?
Администратор:	Ресторан сейчас тоже закрыт, а завтра он открыт с часа.
Иван:	Спасибо. Можно заказать чай?
Администратор:	Можно, конечно. До завтра.

Типичный иностранец

🎤 60

Иностранец:	Можно заказать билет в Большой театр?
Администратор:	Конечно, но только завтра. Сегодня касса уже закрыта.
Иностранец:	Хорошо, я понимаю, спасибо. А где магазин ГУМ?
Администратор:	ГУМ в центре, напротив Кремля.
Иностранец:	Спасибо.

🎤 61

Экскурсовод:	Здравствуйте! Я ваш экскурсовод. Меня зовут Вера.
Туристы:	Здравствуйте! Мы туристы.
Экскурсовод:	Это Красная площадь. Прямо – Кремль и Мавзолей. Там Владимир Ильич Ленин. Справа – Исторический музей, а слева – магазин ГУМ. Главный Универсальный Магазин.
Турист:	А это что?
Экскурсовод:	Это? Это храм Василия Блаженного. А это конец экскурсии. Спасибо! До свидания!
Туристы:	Спасибо! До свидания!

Телефон

🎤 62

Иван:	Алло!... Зоя Петровна? Извините, что я так поздно... А... Люда у вас?... Да, если можно. Люда, я приглашаю вас завтра в ресторан. Как вы на это смотрите?... Хорошо?!... Ну, прекрасно! Тогда здесь, в гостинице, в час... Что? Да, ресторан в гостинице. До свидания. До завтра.

Интернет

Иван:	Да?
Дежурная:	Извините, вот ваш чай.
Иван:	Спасибо.
Дежурная:	Пожалуйста.
Иван:	А скажите, у вас Интернет есть?
Дежурная:	Да, конечно. Интернет есть в фойе и в баре.
Иван:	Спасибо.

ГУМ. Главный Универсальный Магазин

администратор	receptionist	касса	kassa
Я вас слушаю	Kan jag hjälpa er? (eg. Jag lyssnar på er)	магазин	affär
		напротив (+ gen.)	mitt emot
заказать (perf.)	att boka	кремль (m.)	kreml, fästning
номер	hotellrum / nummer		
один	ensam	экскурсовод	reseledare
пятница	fredag	мы	vi
заполнить (perf.)	att fylla i	туристы	turister
бланк	blankett	Красная площадь	Röda torget
		Исторический музей	Historiska museet
ключ	nyckel		
У вас есть?	Har ni ...?	храм Василия Блаженного	Vasilijkatedralen
телевизор	tv-apparat		
душ	dusch	конец	slut
всё	allt	экскурсия	exkursion
буфет	litet kafé		
бар	bar	Алло!	Hallå! (i telefon)
завтра	i morgon	если	om
открыт	öppen	приглашать	att inbjuda
закрыт	stängd	смотреть	att titta på
поздно	det är sent	Как вы на это смотрите?	Vad tycker ni om det?
Как жаль!	Så synd!		
когда	när	тогда	då / i så fall
час	klockan ett	До свидания!	På återseende!
с (+ gen.)	från		
с часа	från klockan ett	дежурная	vakthavande
		Интернет	Internet
		фойе	foajé

Ruslan 1 Lektion 5

| ИНФОРМАЦИЯ | УРОК 5 |

www **ГУМ - Главный Универсальный Магазин**
Detta är det tidigare Государственный Универсальный Магазин - "Statliga Varuhuset" som har bytt namn till Главный Универсальный Магазин - "Huvudvaruhuset". GUM har omorganiserats fullständigt sedan perestrojkan. Tidigare var det ett jättestort centralt organiserat varuhus. Nu är det uppdelat i andelar som hyrs ut till ett stort urval av ryska och västerländska återförsäljare.

Гостиницы - Hotell
Logi måste normalt bokas innan du reser till Ryssland som en del av visumansökan. Ofta görs sådana bokningar på hotell av västerländsk typ.

Om du bor på ett hotell av rysk typ och måste betala för ditt rum medan du är där, var då beredd att betala vid ankomsten. På ett hotell av rysk typ ser **администратор** till receptionsdisken. **Дежурная** är damen som ser till din våning och vanligtvis har ett bord vid trappavsatsen.

www **Кремль** betyder fästning. Kreml är inte unikt för Moskva. Det finns ett kreml i ett stort antal gamla ryska städer, t ex i Novgorod och Kazan.

Московский Кремль и Москва-река

Дни недели - Veckans dagar
понедельник   måndag
вторник   tisdag
среда   ...
четверг
пятница
суббота
воскресенье

| ГРАММАТИКА |

До завтра! - "Till i morgon!"
сегодня - idag   завтра - imorgon   вчера - igår
Dessa tre ord ändrar aldrig sina ändelser.

Adjektiv i kortform

Adjektiv i kortform används i meningar som "Бар закры́т".
De överensstämmer med det substantiv de beskriver enligt följande:

    Maskulinum   Рестора́н закры́т.   Restaurangen är stängd.
    Femininum   Ка́сса была́ откры́та.   Kassan var öppen.
    Neutral   Бюро́ закры́то.   Kontoret är stängt.

Användningen av с i betydelsen "från" (en tidpunkt)

Ordet **с** har två betydelser. Här betyder det "från" (en tidpunkt) och följs av genitiv. Till exempel:

    с ча́са - från klockan ett   с пя́тницы - från fredag

> I lektion 10 möter du "с" i betydelsen "med", vilket följs av instrumentalis.

говори́ть - "att säga" eller "att tala" - ett verb med и-böjning:

я говорю́	- jag talar	мы говори́м	-	vi ...
ты говори́шь	- du ...	вы говори́те	-	ni ...
он говори́т	- han ...	они́ говоря́т	-	de ...
она́ говори́т	- hon ...			

För böjningen av verbet смотре́ть - "att se" (som har ändring i betoningen vid böjning) och för andra exempel, se sammanställningen av verb på sidan 135.

Verbaspekter

Ryskan har två verbaspekter: imperfektiv och perfektiv. Verb som du har använt för att uttrycka presens - t ex говори́ть, знать, рабо́тать, смотре́ть - har alla varit i imperfektiv aspekt.

Du har också mött flera verb i perfektiv aspekt i infinitiv. Till exempel:

    заказа́ть   -   att beställa
    останови́ться   -   att stanna, att bo

De perfektiva formerna betecknar enstaka handlingar. De används inte för att bilda presens. I "Ruslan Ryska 2" kommer detta att förklaras mera fullständigt och du kommer att lära dig hur den perfektiva aspekten används för preteritum och futurum.

Att ha

"Att ha" uttrycks i dagligt tal på ryska med konstruktionen:

	у меня́ ...	-	jag har ...	(hos mig - ...)
eller	у меня́ есть ...	-	jag har ...	(hos mig finns ...)
	у вас ...	-	ni har ...	(hos er - ...)
eller	у вас есть ...	-	ni har ...	(hos er finns ...)

    У вас есть биле́т?   Har ni biljett?
    Нет. Биле́ты у Ива́на.   Nej, Ivan har biljetterna.

För "jag hade" etc., använd у меня́ ... och у вас ... med preteritum - был, была́, бы́ло eller бы́ли.

    У И́горя был сувени́р.   Igor hade en souvenir.
    У меня́ была́ командиро́вка в Ло́ндон.
                        Jag har varit på tjänsteresa till London.

| УПРАЖНЕНИЯ | УРОК 5 |

1. Svara på frågorna till dialogen
а. Иван заказа́л но́мер в гости́нице «Ба́лчуг»?
б. В но́мере Ива́на есть телефо́н?
в. Телефо́н рабо́тает?
г. В гости́нице есть рестора́н?
д. Бар был откры́т?
е. Рестора́н был откры́т?
ж. Гости́ница была́ откры́та?
з. Ива́н заказа́л ко́фе?
и. В но́мере Ива́на есть Интерне́т?

2. Välj rätt ord!

а. Ива́н _____ в гости́нице.
б. В но́мере _____ телефо́н.
в. Рестора́н _____ с ча́са.
г. В гости́нице ка́сса _____ .
д. Ива́н _____ чай.
е. Вы _____ телеви́зор?
ж. Телефо́н в но́мере не _____ .
з. Администра́тор _____ на бага́ж.

| закры́та |
| заказа́л |
| есть |
| был |
| смо́трит |
| рабо́тает |
| откры́т |
| смо́трите |

3. Välj rätt ord!

Я вас _____ в рестора́н.
Очень _____ ! А когда́?
За́втра, в _____ .
Хорошо́! А _____ ?
Здесь в _____ в _____ .

| хорошо́ |
| приглаша́ю |
| рестора́не |
| где |
| час |
| гости́нице |

4. Gör om verben i meningarna till presens

а. Ива́н смотре́л телеви́зор. _____
б. Бар был закры́т. _____
в. Иван был в но́мере. _____
г. Ка́сса была́ закры́та. _____
д. Людми́ла рабо́тала в Москве́. _____
е. Мы зна́ли Санкт-Петербу́рг. _____
ж. Они́ не понима́ли. _____

ЧИТАЙТЕ И ПИШИТЕ! УРОК 5

Du har anlänt till Hotell Mars. Fyll i registreringsblanketten på ryska:

ГОСТИНИЦА «МАРС» - АНКЕТА ГОСТЯ

Фамилия _____
Имя _____
Отчество _____
Адрес:
 Страна _____
 Почтовый индекс _____
 Город _____
 Улица _____
 Дом № _____
 Квартира № _____
Гражданство _____
Профессия _____
Дата рождения _____
Место рождения _____
Номер паспорта _____
Цель приезда _____
Число _____
Подпись _____

анке́та	blankett
гость (m.)	gäst
о́тчество	fadersnamn
почто́вый и́ндекс	postnummer
го́род	stad
дом	hus
гражда́нство	medborgarskap
профе́ссия	yrke
да́та	datum
рожде́ние	födelse
ме́сто	plats
цель (f.)	syfte
прие́зд	ankomst
число́	datum
по́дпись (f.)	namnteckning

СЛУШАЙТЕ!   УРОК 5

Ivan ringer till sin chef i Moskva:
1. Vad heter Ivans chef?
2. När kom Ivan från London?
3. Var ligger hotell "Марс"?
4. Vet Ivan vart han ska gå nästa dag?
5. Vad skriver Ivans chef?

ГОВОРИТЕ И ПИШИТЕ!

1. Где они работают? Пишите!

Профессия	Место работы
артист	больница
журналист	бюро
клоун	газета
медсестра	Кремль
президент	такси
профессор	театр
секретарь	университет
учитель	цирк
шофёр	школа

Den första meningen är redan klar.

Observera att när du säger "i Kreml" flyttas betoningen till änden av ordet - "в Кремле".
Lägg märke till de två olika sätten att skriva bokstaven "т" - *m / т*
(Här har vi använt det första alternativet)

Артист работает в театре.

ГОВОРИТЕ! УРОК 5

1. **Arbeta i par - En hotellgäst och en receptionist.**

Fråga om du kan boka ett rum. Fråga om det finns telefon, TV och dusch och om de fungerar.	Ja, naturligtvis. Bestäm dina egna svar.
Fråga om restaurangen är öppen. Fråga om baren är öppen. Fråga om du kan beställa te.	Nej, den är stängd. Nej, den är stängd. Ja, naturligtvis.

2. **Kommunikationsövning för en grupp.**
   En variant av "bingo". Alla gruppdeltagare får en likadan lista med olika ställen i staden:

   Ресторáн - Кáсса - Банк - Музéй
   Поликлúника - Гостúница - Теáтр

   Läraren bestämmer vilka ställen som är öppna. Det skall vara minst tre ställen. Gruppdeltagarna får sedan i tur och ordning fråga, för att se vem som kan hitta flest öppna ställen:

   – Скажúте, пожáлуйста, банк открьíт?
   – Нет, банк закрьíт.
   – Как жаль!

   – Поликлúника открьíта?
   – Да. Открьíта.
   – Хорошó, спасúбо.

   När deltagarna har blivit vana vid detta kan man agera i mindre grupper och deltagarna kan ta lärarens roll.

Ruslan 1 Lektion 5

ЧИТАЙТЕ И ПИШИТЕ!

Игорь в Новосибирске

Сегодня понедельник. Игорь в командировке в Новосибирске, столице Сибири. Он заказал номер в гостинице «Новосибирск» до четверга. В номере есть телевизор, сейф, холодильник и телефон, но нет Интернета. Там также есть душ и туалет.

Сегодня у Игоря была встреча в центре. Сейчас уже поздно. Ресторан закрыт, и Игорь ужинает в баре. У Игоря в Новосибирске есть знакомая, Нелли. Она администратор в офисе в центре города. Завтра Игорь приглашает Нелли в театр и в ресторан.

Он заказал два билета в театр и столик в ресторане на улице Свердлова. Это украинский ресторан. Нелли очень рада.

Сибирь (f.)	- Sibirien
сейф	- trygg
холодильник	- kylskåp
Интернет	- internet
туалет	- toalett
душ	- dusch
встреча	- möte
ужинать	- att äta kvällsmat
знакомая	- bekant (f.)
офис	- kontor
столик	- restaurangbord
украинский	- ukrainsk

Вопросы к тексту

а. Где сегодня Игорь?
б. Новосибирск в Сибири?
в. В номере Игоря есть телефон?
г. В номере есть холодильник?
д. В номере есть Интернет?
е. Игорь ужинает в ресторане?
ж. Где работает Нелли?
з. Что заказал Игорь?
и. Где украинский ресторан?

Переведите!

— Kan jag boka ett rum tills på tisdag?
— Ja, det kan ni. Vad är ert efternamn?
— Mitt efternamn är Markova. Natalya Vladimirovna Markova.
— Är ni ensam?
— Ja, jag är ensam.
— Fyll i formuläret. Var är ert pass? Bra. Här är er nyckel.
  Ert rum är nummer 38. Hissen är på höger sida.
- Finns det en dusch på rummet?
- Ja, naturligtvis.
- Bra. Är restaurangen öppen nu?
- Nej, det är redan sent. Restaurangen är stängd.
- Vad synd!
- Det finns en italiensk restaurang på Pusjkingatan (улица Пушкина).
  Det är inte långt. Och baren i hotellet är öppen.
- Tack. Finns det internet på hotellet?
- Ja, i baren.

ЧИТАЙТЕ   УРОК 5

ГОСТИНИЦА «НОВОСИБИРСК»

Тел. (383) 220-11-20
Факс. (383) 220-65-17
www.hotelfree.ru

Гостиница расположена
в центре города, напротив
железнодорожного вокзала.

Проживание в гостинице

Люкс двухкомнатный - высшая категория: душ, туалет, кондиционер,
                                            телевизор, холодильник и
                                            телефон.

Однокомнатный - высшая категория: ⎤
Одноместный - вторая категория: ⎬ душ, туалет, телевизор,
Двухместный - вторая категория: ⎦ холодильник и телефон.

Завтрак (шведский стол)
включён в стоимость номера.

Конференцзалы:
Большой зал - до 150 чел.
Малый зал - до 30 чел.
Переговорная комната - до 10 чел.

Reklamen gäller Igors hotell i Novosibirsk
1. Han är ensam och har inte mycket pengar. Vilket rum kommer han att välja?
2. Vad är den enda lyx han kommer att gå miste om?
3. Måste han betala extra för frukost?
4. Igor vill hyra ett rum för ett möte med tre eller fyra personer. Vilket mötesrum kommer han att välja?

LEKTION 6   РЕСТОРАН   УРОК 6

Ivan och Ljudmila befinner sig i restaurangen på Hotell Mars. Just som de skall börja äta kommer Vadim med en ny väninna. Igor och Nelly besöker en restaurang i Novosibirsk.

Du kommer att lära dig
- några av de ord du behöver för att beställa en måltid på en rysk restaurang
- att känna igen flera rätter på matsedeln.

Grammatikdelen omfattar:
- det oregelbundna verbet **хотéть** - "att vilja"
- verbet **идти́** - "att gå"
- imperativen: **Да́йте!**   -   Ge (mig) ... !
                 Принеси́те! -   Kom med ... !
- mera om neutrala substantiv
- användningen av ackusativobjekt.
- adjektiv i nominativ
- ordet för "vilken", "hurdan" - **како́й**.

I stycket finns bakgrundsinformation om det ryska köket samt om versberättelsen "Ruslan och Ljudmila" av A.S. Pusjkin.

> Ruslan Ryska 1 Övningsbok innehåller 18 extra övningar till den här lektionen.

Блины́, вода́, вино́, во́дка и ры́ба!
Pannkakor, vatten, vin, vodka och fisk!

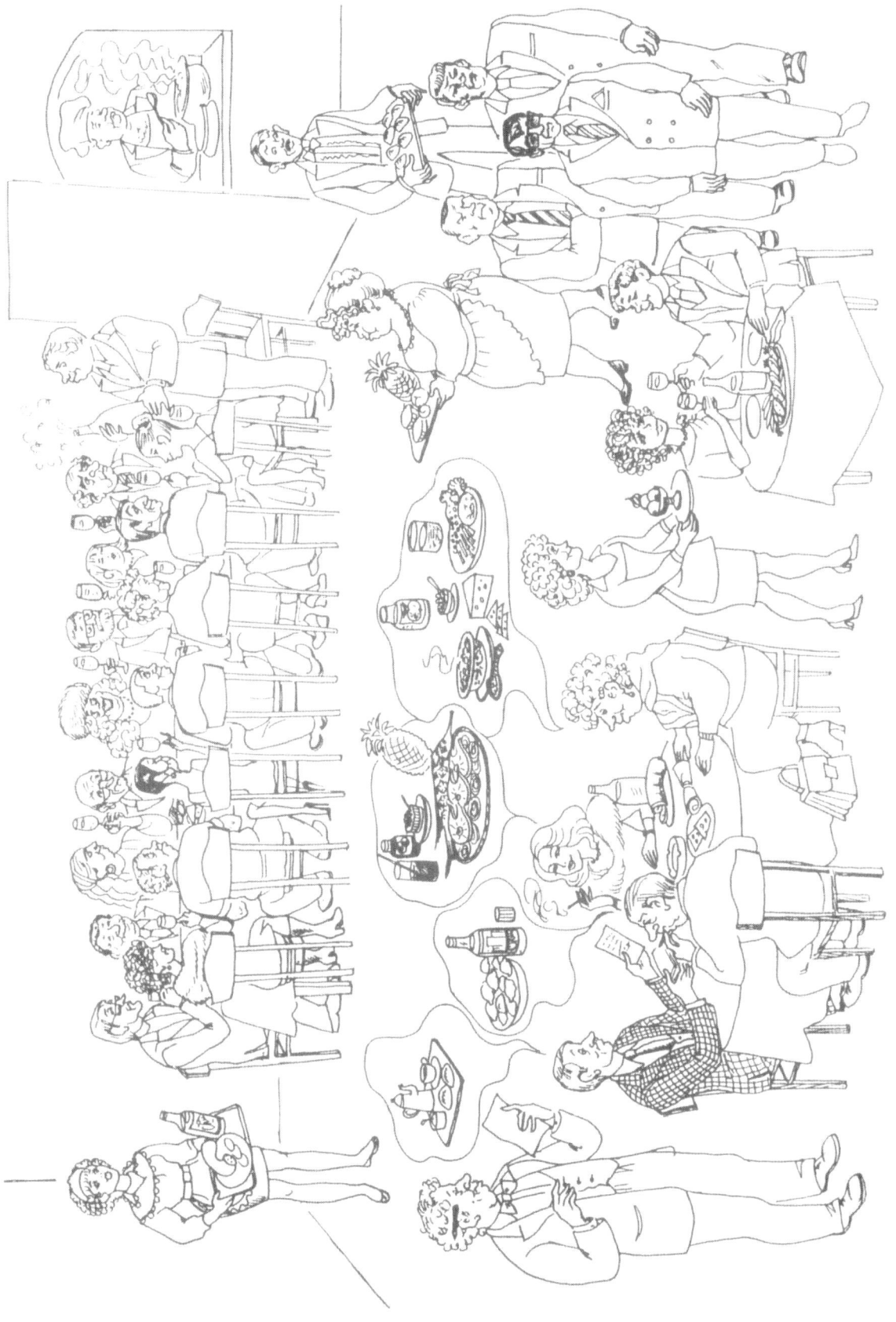

ДИАЛОГИ   УРОК 6

В ресторане
69

Иван:	Здравствуйте, Людмила.
Людмила:	Здравствуйте.
Иван:	Проходите, пожалуйста. Хороший ресторан, правда? Вот свободный столик. Садитесь, пожалуйста.
Людмила:	Иван, вы хорошо знаете Москву?
Иван:	Конечно. А вот и официантка! Девушка!...
Официантка:	Минуточку!

Меню
70

Иван:	Девушка, можно посмотреть меню?
Официантка:	Вот, пожалуйста, меню.
Иван:	Так... закуски: московский салат, красная и чёрная икра, колбаса, сыр. Напитки: пиво, водка, вино, минеральная вода... Людмила, что вы хотите?...

Напитки и закуски
71

Иван:	Девушка, дайте бутылку водки и бутылку пива.
Людмила:	А вино у вас есть?
Официантка:	Конечно.
Людмила:	Какое у вас вино?
Официантка:	Красное и белое.
Людмила:	Принесите мне белое вино.
Иван:	Да-да, конечно, принесите белое вино. А сколько стоит икра? Ого! Икра очень дорогая!
Людмила:	Принесите мне, пожалуйста, икру...
Иван:	А мне сыр, и чёрный хлеб.
Людмила:	А мне белый хлеб, пожалуйста..
Официантка:	Это всё?
Иван:	Да, это всё.

Интимный вопрос
72

Иван:	Людмила, теперь, пока мы одни, можно задать вам один интимный вопрос? У вас есть Руслан?
Людмила:	Что? Руслан? Почему вы спрашиваете?
Иван:	Потому, что мне очень интересно.
Людмила:	Я не понимаю. Смотрите кто там... Вадим!
Иван:	Вадим... и не один!
Вадим:	Людочка! Приятного аппетита! Что ты здесь делаешь? Какой сюрприз!... И Иван Николаевич, вы тоже здесь!
Иван:	Да, я тоже здесь. Здравствуйте, Вадим Борисович. Садитесь, пожалуйста.
Вадим:	Да нет, спасибо, мне пора, я не один. Мы идём на оперу. До свидания, Люда.

Типи́чный иностра́нец

Иностра́нец:	Извини́те, вы говори́те по-англи́йски?
Официа́нтка:	Нет.
Иностра́нец:	Извини́те, что тако́е «борщ»?
Официа́нтка:	Это суп.
Иностра́нец:	А что тако́е «щи»?
Официа́нтка:	Это то́же суп.
Иностра́нец:	Хорошо́. Да́йте, пожа́луйста, моско́вский сала́т!

хоро́ший	god, bra	спра́шивать	att fråga
пра́вда	sanning	Прия́тного аппети́та!	
пра́вда?	eller hur?	(г uttalas som "v")	Smaklig måltid!
свобо́дный	ledig, fri	пора́ ...	det är dags ...
сто́лик	litet bord	идти́	att gå
Сади́тесь!	Sätt er!	о́пера	opera
официа́нтка	servitris	Что тако́е ...?	Vad är ...?
де́вушка	flicka, fröken		
Мину́точку!	Ett ögonblick!		

посмотре́ть (perf.)	ta en titt på
меню́	meny
моско́вский	Moskva-
кра́сный	röd
чёрный	svart
хоте́ть	att vilja

Да́йте!	Ge (mig/oss) ... !
буты́лка	flaska
како́й	hurdan, vilken
бе́лый	vit
Принеси́те!	Ge (mig/oss) ... ! (Kom med ...!)
мне (dat.)	för mig
ско́лько?	hur mycket?
сто́ить	att kosta
Ско́лько сто́ит?	Hur mycket kostar det?
дорого́й	dyr

> Ordlista för mat och dryck finns på sidan 89.

тепе́рь	nu
пока́	medan
мы одни́	vi är ensamma
зада́ть вопро́с (perf.)	att ställa en fråga
инти́мный	personlig
почему́	varför
потому́ что	därför att

Пи́во «Ба́лтика»
Ölet "Baltika"

ИНФОРМАЦИЯ — УРОК 6

"Руслáн и Людми́ла"
Detta är titeln på en berömd versberättelse av A.S. Pusjkin (1799-1837). Det är en kärlekshistoria som utspelar sig i ett mystiskt kungarike där hjälten Руслáн upplever åtskilliga äventyr för att rädda den flicka han älskar, Людми́ла, från onda krafter. Till slut övervinner den verkliga kärleken det onda och de förenas. Ивáн anspelar på den berättelsen när han frågar Людми́ла:
– У вас есть Руслáн?

А.С.Пушкин
Автопортрет

Alexander Sergejevitj Pusjkin vördas i Ryssland som den största ryska poeten och hans verk är mycket populära. De första raderna i hans versberättelse "Руслáн и Людми́ла" är välkända för ryska barn:

74

У лукомóрья дуб зелёный;
Златáя цепь на дýбе том:
И днём и нóчью кот учёный
Всё хóдит по цепи́ кругóм;
Идёт напрáво – песнь завóдит,
Налéво – скáзку говори́т.

I havsviken står en grön ek;
En gyllene kedja finns på den eken:
Och dag och natt går en lärd katt
Hela tiden runt i kedjan;
Han går till höger och tar upp en sång,
Han går till vänster och berättar en saga.

ГРАММАТИКА

хотéть - "att vilja" - ett oregelbundet verb
  я хочý, ты хóчешь, он / онá хóчет, мы хоти́м, вы хоти́те, они хотя́т

идти́ - "att gå"
  я идý, ты идёшь, он / онá идёт, мы идём, вы идёте, они идýт

éхать - "att åka"
  я éду, ты éдешь, он / онá éдет, мы éдем, вы éдете, они́ éдут

Дáйте ... ! - "Ge (mig) ... !"
  Detta är imperativ av verbet дать - "att ge":
    Дáйте, пожáлуйста, москóвский салáт!
                                      Var snäll och ge mig en moskvasallad!

Принеси́те ... ! - "Kom med ... !"
  Detta är imperativ av verbet принести́ - "att komma med":
    Принеси́те, пожáлуйста, кóфе!   Var snäll och kom med kaffe!

мне - mig
  Detta är dativ av я - "jag". Du kan använda det när du beställer mat eller dryck.
    Мне борщ.   Borsjtj för mig.

Neutrala substantiv
Vi såg i lektion 2 att neutrala substantiv brukar sluta på -o eller -e:
    вино́ - vin   мо́ре - hav

De flesta neutrala substantivändelser är samma som de maskulina:
    вина́ - vinets   на мо́ре - på havet

Kom ihåg att många ord av utländskt ursprung inte förändras:
    бюро́, метро́

Neutrumformen av мой är моё och neutrumformen av ваш är ва́ше
    Где моё пи́во?   Var är mitt öl?
    Вот оно́!   Där är det!
    Это ва́ше вино́?   Är detta ert vin?

Ackusativ används för ett verbs direkta objekt
Maskulina och neutrala ändelser förblir som nominativ.
Feminina ändelser ändrar -а till -у eller -я till -ю:
    Я люблю́ Амстерда́м.   Jag älskar Amsterdam.
    Я люблю́ мо́ре.   Jag älskar havet.
    Вы зна́ете Москву́?   Känner ni till Moskva?
    Он хорошо́ зна́ет Росси́ю. Han känner Ryssland väl.

Kasusändelserna kan användas även när verbet är utelämnat:
    Мне икру́!   Kaviar för mig!

Ackusativ används också med в och на i betydelsen "till (en plats)"
    Я иду́ в рестора́н.   Jag går till restaurangen.
    Она́ идёт в гости́ницу. Hon går till hotellet.
в eller на svarar på frågan куда́? - "vart?" (Lektion 7).

Adjektiv i nominativ
Adjektiv överensstämmer med de substantiv de beskriver.
Nominativändelserna är:
    Maskulinum   -ый, -ий eller -о́й
    Femininum   -ая eller -яя
    Neutrum   -ое eller -ее

    чёрный хлеб   svart bröd
    моско́вский сала́т moskvasallad
    Большо́й теа́тр   Bolsjojteatern
    кра́сная икра́   röd kaviar
    бе́лое вино́   vitt vin

како́й - кака́я - како́е
како́й är ett pronomen som betyder "vilken", "hurdan":
    Како́й вопро́с?   Vilken fråga?
    Кака́я прия́тная встре́ча! Vilket trevligt möte!
    Како́е у вас вино́?   Vilket vin har ni?

УПРАЖНЕНИЯ   УРОК 6

1. Välj rätt svar!
а. Иван думает, что ресторан хороший?   Да / Нет
б. В ресторане есть вино?   Да / Нет
в. Икра дорогая?   Да / Нет
г. Кто хочет икру? Иван или Людмила?   Иван / Людмила
д. Кто хочет сыр? Иван или Людмила?   Иван / Людмила
е. Какой хлеб хочет Иван?   Белый / Чёрный
ж. Какой хлеб хочет Людмила?   Белый / Чёрный
з. Вадим один или не один?   Один / Не один

2. Välj rätt ord!

- _____, вот Вадим!
- А что он здесь _____?
- Я не _____, что он делает.
- А он не _____!
- Да, _____ не один!
- _____ сюрприз!
- Приятного _____!

| делает |
| один |
| он |
| Смотрите |
| аппетита |
| Какой |
| знаю |

3. Komplettera dialogen. Använd rätt ändelser.

- Что вы хотите?

- Я хочу _____ и _____   [салат / вино]

- А я хочу _____, _____ и _____.   [икра / хлеб / водка]

- Я хочу _____ и _____ вина.   [икра / бутылка]

- Я тоже хочу _____.   [вино]

- Хорошо! Девушка, принесите, пожалуйста,

  _____, _____, _____, _____,

  _____, _____ и _____.

ЧИТАЙТЕ И ПИШИТЕ!

1. Skriv ner på ryska de saker du vill beställa från menyn på nästa sida.

_____

_____

_____

_____

МЕНЮ

ЗАКУСКИ
Икра красная
Икра чёрная
Салат «Московский»
Колбаса
Сыр голландский

ПЕРВЫЕ БЛЮДА
Борщ
Щи
Окрошка
Солянка

ВТОРЫЕ БЛЮДА
Бефстроганов
Котлеты по-киевски
Пельмени
Осетрина заливная
Шашлык
Цыплёнок жареный

СЛАДКИЕ БЛЮДА
Мороженое
Салат фруктовый
Ананас

ГОРЯЧИЕ НАПИТКИ
Чай
Кофе

НАПИТКИ
Сок яблочный
Сок томатный
Красное вино
Белое вино
Шампанское
Пиво «Жигулёвское»
Водка «Столичная»

ананас	ananas	по-киевски	på Kiev-vis
бефстроганов	biff Stroganoff	рыба	fisk
борщ	rödbetssoppa	салат	sallad
вино	vin	сибирский	sibirisk
вода	vatten	сладкий	söt
водка	vodka	сок	juice
вторые блюда	varmrätter	солянка	fisk- eller köttsoppa
голландский	holländsk	«Столичная»	ett vodkamärke
горячий	het	суп	soppa
жареный	stekt eller rostad	сыр	ost
«Жигулёвское»	ett ölmärke	томатный	tomat-
закуски	aptitretare	фруктовый	frukt-
заливной	i gele	хлеб	bröd
икра	kaviar	цыплёнок	kyckling
колбаса	korv	чай	te
котлеты	pannbiffar; kotletter	чёрный	svart
красный	röd	шампанское	champagne
минеральный	mineral-	шашлык	grillspet
мороженое	glass	щи	kålsoppa
московский	Moskva-drycker	яблочный	äpple-
напитки			
окрошка	kall soppa gjord på kvass		
осетрина	stör		
пельмени	degknyten		
первые блюда	förrätter (vanligtvis soppor)		
пиво	öl		
пирог	pirog		
пирожки	små piroger		

Меню
På ryska menyer står adjektiven normalt efter substantiven, men när man talar om rätten sätter man adjektivet framför på vanligt sätt.

    Man läser: – Салат «Московский».
    Man säger: – Я хочу Московский салат.

Ruslan 1 Lektion 6

ИНФОРМАЦИЯ УРОК 6

Ру́сская ку́хня - Det ryska köket
De vanliga dagliga måltiderna är: за́втрак - frukost, обе́д - middag/lunch, у́жин - kvällsmat.

Заку́ски - aptitretare
Aptitretare äter man allra först, t ex sallad, kalla kött- och fiskrätter, pickles eller пирожки́ - små piroger.

Пе́рвые блю́да - förstarätter (förrätter)
Dessa "förstarätter" utgörs vanligtvis av soppor som serveras under hela året. Борщ är rödbetssoppa och щи är kålsoppa. Окро́шка serveras kall, соля́нка innehåller inlagd gurka och уха́ är fisksoppa. Till soppor brukar man servera смета́на - gräddfil.

Вторы́е блю́да - andrarätter (huvudrätter)
T. ex. kött: говя́дина - nötkött, свини́на - fläsk
eller fisk: форе́ль - forell, лосо́сь - lax, осетри́на - stör
eller kanske цыплёнок - kyckling, пиро́г - pirog, шашлы́к - grillspett.

Сла́дкие блю́да - söta rätter (efterrätter)
T. ex. блины́ - söta pannkakor, торт - kaka, фрукто́вый сала́т - fruktsallad eller моро́женое - glass. Те - чай, ofta med citron - лимо́н, serveras vanligtvis till efterrätten.

Напи́тки - drycker
Rysk "champagne" - шампа́нское - är ett fint mousserande vitt vin. Kvass - квас - tillverkas av jäst rågbröd, socker och vatten.

Om vodka - во́дка - serveras brukar man inte smutta på den utan dricka först när någon utbringar en skål.

Som vegetarian - вегетариа́нец / вегетариа́нка - kan det ibland vara svårt att äta ute, men ryska sallader är utmärkta.

Росси́йское шампа́нское

СЛУШАЙТЕ!

Vadim sitter och äter med sin nya bekant Vera:
а. Varför beställer inte Vera kaviar?
б. Vad vill Vera dricka?
в. Skriv ner två saker som Vadim beställde.
г. Vad tycker Vadim och Vera om restaurangen?

ГОВОРИТЕ!	УРОК 6

1.  2. 3.

4. 5.   6.

7.  8.  9.

1. Что есть что?
Борщ и щи
Колбаса «Московская»
Сибирские пельмени
Котлета по-киевски
Осетрина заливная
Российский сыр
Грузинский шашлык
Красная и чёрная икра
Фруктовый салат и Мускат
Московский салат
Водка «Столичная», минеральная вода, вино и шампанское.

10. 11.

2. Övning i en cirkel
Den första personen säger vad han eller hon vill äta och dricka:
Питер: Я хочу бефстроганов.
Nästa person i cirkeln repeterar detta och tillägger sedan vad han eller hon vill äta:
Анна: Питер хочет бефстроганов, а я хочу икру.
Nästa person lägger till sin beställning och så vidare.

Sedan kan alla försöka minnas vad alla har beställt:
– Вы хотите бефстроганов, да?
– Да, а вы хотите борщ?
– Нет, я хочу щи.
– А я хочу пельмени!

Ruslan 1 Lektion 6   91

ГОВОРИТЕ!

3. Para ihop substantiven och adjektiven

хлеб	бе́лый
вино́	кра́сный
рестора́н	большо́й
центр	моско́вский
кни́га	но́вый
теа́тр	дорого́й
сала́т	инти́мный
буты́лка	комме́рческий
сто́лик	индустриа́льный
биле́т	свобо́дный
	кита́йский

Кита́йский рестора́н

En deltagare i gruppen ropar ut substantiv från rutan till vänster. De andra ska hitta adjektivet som passar till det valda substantivet och läsa de två tillsammans med korrekt ändelse:

– Буты́лка!   – Больша́я буты́лка!
              – Но́вая буты́лка!
              – Дорога́я буты́лка!

4. Mat från olika länder.

Samla ihop paket och burkar eller bilder av mat från olika länder. Ställ sedan frågor om dem.

– Это францу́зский сыр?
– Да. Это францу́зский сыр.
– Это францу́зское вино́?
– Нет. Это испа́нское вино́.
– Где италья́нское вино́?
– Вот оно́!

америка́нский
англи́йский
голла́ндский
гре́ческий
грузи́нский
испа́нский
италья́нский
кита́йский
неме́цкий
по́льский
ру́сский
украи́нский
францу́зский
япо́нский

5. Rollspel (arbeta i par)

Du är tillsammans med din vän på restaurangen på Hotell Mars.

Säg att det är en bra restaurang.   Håll med.
Föreslå att titta på menyn.   Håll med.

Använd menyn på sidan 89 och bestäm tillsammans vad ni vill äta.

Beställ din mat från läraren eller en annan kursdeltagare som spelar rollen som kypare.

Om några saker inte finns, måste du välja igen!

| ЧИТАЙТЕ И ПИШИТЕ! | УРОК 6 |

Украи́нский рестора́н

Сего́дня И́горь и Не́лли иду́т в украи́нский рестора́н в Новосиби́рске. 🎤78
Рестора́н хоро́ший и не о́чень дорого́й. Вот свобо́дный сто́лик. Они́ чита́ют меню́.

На пе́рвое они́ зака́зывают украи́нский борщ, на второ́е И́горь хо́чет котле́ты по-ки́евски, а Не́лли – варе́ники. На десе́рт Не́лли зака́зывает фрукто́вый сала́т, а И́горь – пирожки́.

Официа́нтка прино́сит хлеб и заку́ски: сала́т «Украи́на», колбасу́ и солёные огурцы́, во́дку для И́горя и бе́лое вино́ для Не́лли.

В рестора́не та́кже у́жинает америка́нский бизнесме́н. Он то́лько немно́жко говори́т по-ру́сски. Америка́нец не хо́чет суп. Он зака́зывает пи́во, бифште́кс, карто́шку, фрукто́вый сала́т, моро́женое и ко́фе.

Вопро́сы к те́ксту

а. Куда́ И́горь и Не́лли иду́т сего́дня?
б. Рестора́н дорого́й?
в. Что зака́зывают И́горь и Не́лли на пе́рвое и на второ́е?
г. Что они́ зака́зывают на десе́рт?
д. Каки́е заку́ски прино́сит официа́нтка?
е. Что они́ пьют?
ж. Америка́нец хорошо́ говори́т по-ру́сски?
з. Он зака́зывает типи́чный украи́нский у́жин?

зака́зывать	- att beställa
варе́ники	- fyllda degknyten
приноси́ть	- att komma med / att ta med
солёный	- saltad
огуре́ц	- gurka

Переведи́те!

— Kom in. Varsågod och sitt ner. Här är ett ledigt bord.
— Kan jag få titta på menyn?
— Här är den. Vad vill ni ha?
— Ett ögonblick, tack! Natasja, vad vill du ha? (använd ты)
  De läser menyn ...
— Kyparen! Var är ni?
— Jag är här!
— Bra. Vi vill ha kaviar och Moskvasallad. Vad finns det för vin?
— Vi har georgiskt vin, rött och vitt.
— Ge oss vitt vin och en flaska öl.
— Vi har inte någon öl.
— Vad synd! Vitt vin för mig också, tack.
— Självklart.
— Till den första rätten (на пе́рвое) vill jag ha rödbetssoppa och min fru vill ha kålsoppa. Och till den andra rätten (на второ́е), ge oss Biff Stroganoff och sibiriska degknyten.
— Mycket bra.
...
— Här är era förrätter. Smaklig måltid!

LEKTION 7   О СЕБЕ   УРОК 7

Ivan och Ljudmila är fortfarande på restaurangen och börjar tala om sina liv. Ljudmila måste gå när det börjar bli allvarligt och Ivan skyndar sig att betala. Det finns också en text om Nellys liv i Novosibirsk.

Du kommer att lära dig
- att säga något om vad du och andra personer gör på arbetet och på fritiden
- att tala om staden eller trakten där du bor.

Grammatikdelen omfattar:
- substantiv som slutar på det mjuka tecknet **-ь**
- neutrala substantiv som slutar på **-мя**
- prepositionen **о** - "om", som följs av lokativ
- uttrycket **Это интере́сно!** - "Det är intressant!"
- substantiv som slutar på -ция
- siffror över 100.

Det finns bakgrundsinformation om floden Volga och en sång «Люблю́ я борщ».

Öva verben i presens i verböversikten, sidorna 152-153.

> Ruslan Ryska 1 Övningsbok innehåller 18 extra övningar till den här lektionen.

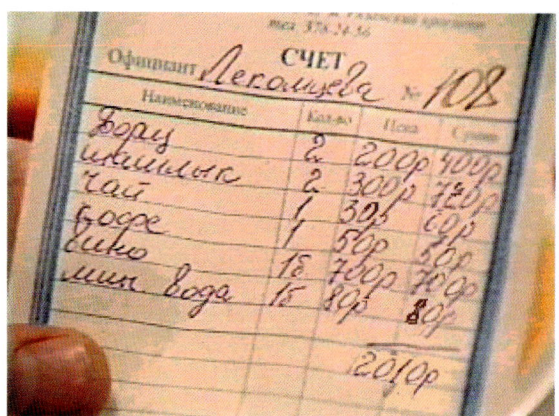

Счёт - Nota

ДИАЛОГИ   УРОК 7

Людми́ла и Ива́н в рестора́не

79

Ива́н:	Лю́да, у вас тако́е краси́вое и́мя – Людми́ла!... А как обе́д?
Людми́ла:	Ничего́, спаси́бо. Рестора́н действи́тельно хоро́ший.
Ива́н:	Лю́да, расскажи́те мне о себе́: где вы живёте, где рабо́таете? Почему́ вы живёте у Вади́ма? Кто он вам? Мо́жет быть, он ваш «Русла́н»?
Людми́ла:	Нет. Снача́ла расскажи́те о себе́.
Ива́н:	Вы уже́ всё обо мне зна́ете: я живу́ и рабо́таю в Сара́нске.
Людми́ла:	Вы действи́тельно миллионе́р?
Ива́н:	Ну, не зна́ю... Почему́ вы так ду́маете?
Людми́ла:	Потому́ что Вади́м говори́л, что у вас мно́го де́нег.
Ива́н:	Ах, Вади́м говори́л! Ну, э́то не интере́сно. Расскажи́те о себе́. Что вы лю́бите де́лать в свобо́дное вре́мя?
Людми́ла:	Я люблю́ ходи́ть в кино́, в теа́тр, смотре́ть телеви́зор, слу́шать му́зыку... люблю́ чита́ть.
Ива́н:	А что вы лю́бите чита́ть? Вы лю́бите чита́ть о любви́?
Людми́ла:	Ива́н! Не на́до!

80

Ива́н:	А тепе́рь расскажи́те о Вади́ме.
Людми́ла:	Вади́м изве́стный кинокри́тик. Вы не чита́ли его́ кни́гу?
Ива́н:	Нет, не чита́л.
Людми́ла:	Э́то интере́сный челове́к. Он ча́сто приглаша́ет меня́ в Дом Кино́.
Ива́н:	И э́то всё?
Людми́ла:	Я же вам говорю́: мы ча́сто хо́дим в кино́ и в теа́тр вме́сте. И э́то всё. Тепе́рь расскажи́те о Сара́нске. Э́то на Во́лге?
Ива́н:	Нет, Сара́нск не на Во́лге, но э́то не о́чень далеко́ от Во́лги. Дово́льно большо́й индустриа́льный го́род. Столи́ца Мордо́вии.
Людми́ла:	А что там мо́жно де́лать?
Ива́н:	Как и везде́: ходи́ть в кино́ и в теа́тр, смотре́ть телеви́зор, чита́ть, говори́ть о любви́...
Людми́ла:	Ну, мне пора́! Уже́ по́здно. Спаси́бо за вку́сный обе́д.
Ива́н:	Лю́да, куда́ вы идёте?
Людми́ла:	Нет-нет, мне пора́, я иду́ домо́й...
Ива́н:	Хорошо́. Пойдёмте!

Ivan pays the bill

81

Ива́н:	Де́вушка! Да́йте, пожа́луйста, счёт.
Официа́нтка:	Вот, пожа́луйста.
Ива́н:	Ого́! Вот э́то да! Инфля́ция! Три ты́сячи, три́ста три́дцать рубле́й. Хорошо́. Ты́сяча, две ты́сячи, три ты́сячи, три́ста и три́дцать.
Официа́нтка:	Спаси́бо.
Ива́н:	Пожа́луйста.

Типи́чный иностра́нец

Иностра́нец:	Извини́те, у меня́ суп холо́дный.
Официа́нтка:	Да, холо́дный.
Иностра́нец:	А что де́лать?
Официа́нтка:	Како́й у вас суп? Окро́шка?
Иностра́нец:	Да. А что?
Официа́нтка:	Она́ всегда́ холо́дная!

краси́вый	vacker	Дом кино́	Filmhuset
и́мя (n.)	namn	же	ju
обе́д	middag	вме́сте	tillsammans
действи́тельно	verkligen	Во́лга	floden Volga
рассказа́ть (perf.)	att berätta	дово́льно	ganska
о себе́	om dig själv / om sig själv	индустриа́льный го́род	industri- stad
жить	att leva, att bo	везде́	överallt
снача́ла	först	вку́сный	god
пото́м	sedan		
так	så	Пойдёмте!	Låt oss gå!
мно́го	mycket	домо́й	(att gå) hem
де́ньги	pengar	счёт	nota
де́нег (gen. pl.)	pengar	Ого́!	Oj, då!
люби́ть	att älska	инфля́ция	inflation
вре́мя (n.)	tid	три́ста	trehundra
ходи́ть	att gå (regelbundet)	рубль (m.)	rubel
чита́ть	att läsa	рубле́й (gen. pl.)	rubel
слу́шать	att lyssna på		
му́зыка	musik	холо́дный	kall
любо́вь (f.)	kärlek	окро́шка	soppa av kvass (serveras kall)
о любви́	om kärlek		
не на́до	det behövs inte, låt bli	всегда́	alltid
изве́стный	välkänd, berömd		
челове́к	människa		
ча́сто	ofta		

Пятьсо́т рубле́й

Ruslan 1 Lektion 7

ИНФОРМАЦИЯ   УРОК 7

Волга
Den största och längsta floden i Europa, Volga, är 3600 kilometer lång. Volga sammanlänkar centrala Ryssland med Kaspiska havet och är en av landets viktigaste transportleder under sommarmånaderna.

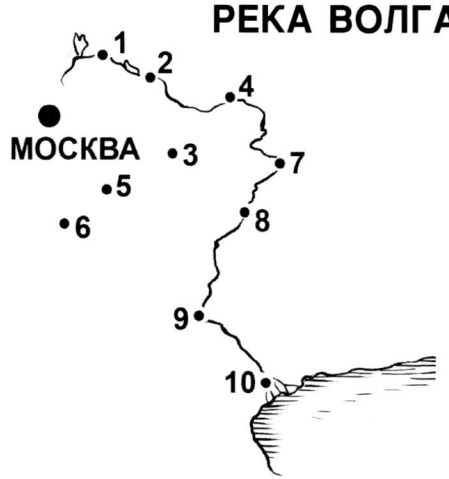

Ключ
1. Ярославль
2. Нижний Новгород
3. Саранск
4. Казань
5. Тамбов
6. Воронеж
7. Самара
8. Саратов
9. Волгоград
10. Астрахань

Миша хорошо знает географию РФ?
Känner Misja till Rysslands geografi väl?
Lyssna på Misja som svarar på frågor om städer på Volga. Hur många frågor får han rätt?

Arbeta i par
– Саранск на Волге?
– Нет! Саранск не на Волге. А Саратов?
– Да. Саратов на Волге.
и т.д.

На Волге. Перевозка нефти
På Volga. Transport av olja

ГРАММАТИКА   УРОК 7

Repetition av verb
För repetition av verb hänvisas du till grammatikdelen på sidan 152 för att repetera de verb som du har lärt dig i lektion 1-6.

Что вы лю́бите де́лать? - Vad älskar du att göra?
För denna konstruktion används люби́ть plus infinitiv.
    Я люблю́ чита́ть.   Jag älskar att läsa.

Verbform efter neutrala substantiv för att uttrycka tredje person
I presens är den verbform som följer efter maskulina, feminina och neutrala substantiv densamma:
    Бюро́ рабо́тает.   Kontoret är öppet.
    Вре́мя идёт.   Tiden går.
I preteritum är verbböjningen -ло
    Это бы́ло интере́сно.   Det var intressant.

Prepositionen o står för "om" i betydelsen "att tala om".
Det följs av lokativ som du lärde dig i lektion 4.
    Вади́м   -   о Вади́ме
    Москва́   -   о Москве́
    любо́вь   -   о любви́ (любовь förlorar flyktigt "о")

Före vokalerna а, е, и, о, у och э sätts bokstaven б in för att dela upp ljuden:
    о́пера   -   об о́пере
Also note:
    om mig   -   обо мне

Substantiv som slutar med mjukt tecken -ь
Dessa kan vara antingen maskulina eller feminina. Substantivet любо́вь - "kärlek" - är femininum liksom alla abstrakta substantiv som slutar på mjukt tecken. Alla årets månader som slutar på mjukt tecken är maskulina.

När dessa substantiv böjs blir ändelserna mjuka:

	Maskulinum		Femininum	
Nominativ	ию́нь	juni	любо́вь	kärlek
Genitiv	ию́ня		любви́	
	t ex пе́рвое ию́ня - första juni			
Lokativ	в ию́не	i juni	о любви́	om kärlek

De fullständiga böjningarna av dessa substantiv finns på s. 150 och 151.

вре́мя - tid
Substantiv som slutar på -мя är neutrum:
    вре́мя   -   tid
    и́мя   -   förnamn
Det finns bara ett fåtal substantiv som slutar på -мя i ryskan.
Genitiv och lokativ är вре́мени / и́мени. Ackusativ är вре́мя / и́мя.

Den fullständiga böjningen av dessa substantiv finns på s. 151.

Это интере́сно! - Det är intressant!
Det korta adjektivet i neutrum интере́сно har bildats med utgångspunkt från det långa adjektivet интере́сный. Det kan användas på det här sättet tillsammans med э́то:

    интере́сный челове́к   - en intressant människa
    Это интере́сно!   Det är intressant!
    хоро́ший рестора́н   - en bra restaurang
    Это хорошо́!   Det är bra!

Adverb bildas av adjektiv på samma sätt:
    Она́ хорошо́ рабо́тает.   Hon arbetar bra.

домо́й - hem
Ett fast uttryck. Längre fram i kursen kommer du också att träffa på до́ма - "hemma".

Många ord som slutar på -ция slutar på svenska på "-tion"
    инфля́ция   - inflation   реконстру́кция - rekonstruktion
    информа́ция - information   квалифика́ция   - kvalifikation
    на́ция   - nation   ста́нция   - station

ЦИФРЫ   SIFFROR

Siffror över 100

100	сто	1000	ты́сяча	Använd punkt för att separera tusental i större tal.
101	сто оди́н	1100	ты́сяча сто	
102	сто два	2000	две ты́сячи	
150	сто пятьдеся́т	3000	три ты́сячи	
200	две́сти	4000	четы́ре ты́сячи	
300	три́ста	5000	пять ты́сяч	
400	четы́реста	10000	де́сять ты́сяч	
500	пятьсо́т	21000	два́дцать одна́ ты́сяча	
600	шестьсо́т	22000	два́дцать две ты́сячи	
700	семьсо́т	100.000	сто ты́сяч	
800	восемьсо́т	1.000.000	миллио́н	
900	девятьсо́т	1.000.000.000	миллиа́рд	

Du köper hundra stycken grillspett.
En dialog för att träna uttalet:
– Что вам ну́жно?
– Шашлыки́! Сто штук.
– Что?
– Шашлыки́!
– Ско́лько?
– Сто штук.
– Сто штук?!
– Да, сто штук.
– Хорошо́!

– Да́йте, пожа́луйста, два шашлыка́!

УПРАЖНЕНИЯ	УРОК 7

1. Svara på frågorna till dialogen
а. Людмила думает, что ресторан хороший?
б. Что Людмила любит делать в свободное время?
в. Иван читал книгу Вадима?
г. Город Саранск на Волге?
д. Город Саранск далеко от Волги?
е. Саранск – это индустриальный город?
ж. Иван хорошо знает Вадима?

2. Välj rätt ord!
а. Иван _____ и _____ в Саранске.
б. Людмила _____ _____ телевизор.
в. Вадим часто _____ Людмилу в кино.
г. Саранск _____ индустриальный _____.
д. Людмила _____ домой.

идёт
любит
работает
большой
живёт
приглашает
город
смотреть

3. Välj rätt ord!
– Что вы _____ в свободное время?
– Я люблю _____ книги.
– А вы любите _____ в кино?
– Да, конечно _____.
– А сегодня вы _____ на оперу «Кармен»?
– Да, _____.
– Кто вас _____?
– _____!

приглашает
идёте
делаете
люблю
иду
ходить
читать
Миллионер

4. 4. Var och en talar om sitt eget arbete. Hitta på meningar.

Например:
– Футболист говорит о футболе.

стюардесса	компьютер
актёр	космос
почтальон	фильм
программист	театр
журналист	почта
космонавт	трактор
музыкант	журнал
кинокритик	аэропорт
таксист	музыка
тракторист	машина

ЧИТАЙТЕ И ПИШИТЕ!   УРОК 7

1. Ryska städer. Vilken stad är vilken?   (статистика на 2010г.)

🎤 87   а.   Большой индустриальный город на Волге. В Советский период это был закрытый город. Метро. Кремль. Аэропорт. Речной вокзал. Миллион двести пятьдесят тысяч человек.   _____

🎤 88   б.   Этот город построил Пётр Первый на реке Неве. Он был столицей России. Это было «окно в Европу». Там в 1917-ом году началась Октябрьская революция. Эрмитаж. Зимний Дворец. Метро. Аэропорт. Четыре миллиона восемьсот пятьдесят тысяч человек.   _____

🎤 89   в.   Большой индустриальный город в Сибири недалеко от озера Байкал. Метро. Аэропорт. Шестьсот сорок тысяч человек.   _____

🎤 90   г.   Столица России. Политический и культурный центр страны. Три международных аэропорта. Метро. Кремль. Одиннадцать миллионов пятьсот тысяч человек.   _____

```
Иркутск
Москва
Санкт-Петербург
Нижний Новгород
```

2.   А где вы живёте?
Skriv några rader om din stad eller region med hjälp av läraren.

_____
_____
_____
_____
_____
_____

СЛУШАЙТЕ! УРОК 7

Вадим и Вера. Слушайте!
а. Var hade Vera sett Ljudmila och Ivan?
б. Vad var det som Vadim tyckte var lustigt?
в. Är Vera intresserad av Ivan?
г. Är Vadim angelägen att presentera Vera för Ivan?

Нижний Новгород. Улица Большая Покровка

ГОВОРИТЕ!

1. **Praktiserande av verb**

Tillverka ett antal kort med verbinfinitiv som du kan och skriv ett infinitiv på varje kort. Tillverka ytterligare kort med personliga pronomina: я, ты, он, она, мы, вы, они.

En person vänder upp korten med verbinfinitiv och en annan korten med personliga pronomen. Säg sedan pronomenet och verbet med rätt böjning så fort du kan.

– Я люблю!

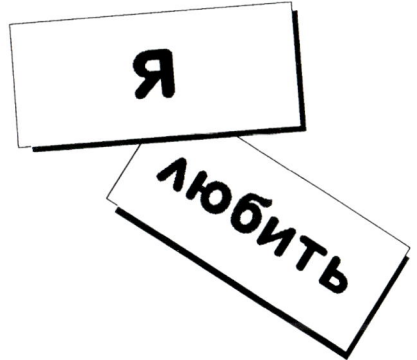

2. **Arbeta i par och ställ frågor till varandra**
   – Вы любите читать книги?
   – Вы любите смотреть телевизор?
   – Вы любите ходить в ресторан?
   – Вы любите слушать музыку?
   – Вы любите ходить в театр?

   Hitta andra i gruppen som delar, respektive inte delar dina intressen:
   – Вы любите читать книги?
   – Да, люблю.
   – Я тоже. А вы любите смотреть телевизор?
   – Да, очень.
   – А я – нет!

3. **Пойдёмте вместе! Kommunikationsövning för en grupp**
   Bestäm tre platser från listan nedan som du vill besöka. Försök sedan att hitta andra i gruppen som tänker besöka samma platser.

   > парк - банк - стадион - ресторан - аэропорт - гостиница
   > поликлиника - университет - кинотеатр - магазин

   – Вы идёте в парк?
   – Нет. Я иду в поликлинику, в банк и в ресторан.
   – А куда вы идёте?
   – Я иду в парк, в гостиницу и в ресторан.
   – Хорошо. Пойдёмте вместе в ресторан.
   – Очень хорошо!

4. **Куда вы идёте? Öva i cirkel.**
   Högst sex personer ställer sig i en cirkel.
   En person börjar med att säger till vilken plats han eller hon tänker gå:
   – Я иду в ресторан.

   Nästa person i cirkeln upprepar detta i tredje person och lägger till sin egen mening:
   – Питер идёт в ресторан, а я иду в буфет.

   Ytterligare nästa person upprepar de två första meningarna i tredje person och lägger till sin egen mening, och så fortsätter man tills man har gått runt hela ringen.

   Sedan pratar alla med alla och försöker minnas till vilken plats han eller hon tänker gå:
   – Вы идёте в центр, да?
   – Да, а вы идёте в банк?
   – Нет, я иду в поликлинику.

ЧИТАЙТЕ И ПИШИТЕ!   УРОК 7

Жизнь Нелли

Игорь давно не видел Нелли и просит её рассказать о себе. Сейчас она живёт и работает в Новосибирске. Новосибирск – это столица Сибири, известный научный, индустриальный и культурный центр на реке Обь.

Муж Нелли, Николай Петрович, интересный человек. В свободное время он ездит далеко в горы или ловит рыбу. Он не любит ходить в кино и театр. Нелли ходит на оперу, на балет и на концерты одна.

У них есть сын Дима и дочь Наташа. Дима ходит в школу, а Наташа – в детский сад. Нелли работает в офисе в центре города. Она ездит на работу на трамвае.

Уже поздно. Пора идти домой. Нелли благодарит Игоря за вкусный ужин, и Игорь оплачивает счёт.

жизнь (f.)	-	liv
давно	-	på länge
просить	-	att be (om ngt)
научный	-	vetenskaplig
ездить	-	att åka (regelbundet)
горы	-	kullar, berg
ловить рыбу	-	att fiska
у них есть	-	de har
школа	-	skola
детский сад	-	dagis
благодарить	-	att tacka
ужин	-	kvällsmål
оплачивать	-	att betala för

Вопросы к тексту

а. Где живёт Нелли?
б. Какой город Новосибирск?
в. Кто муж Нелли?
г. Что он любит делать?
д. Куда Нелли ходит одна?
е. У них есть дети? Как их зовут?
ж. Где работает Нелли?
з. Кто оплачивает счёт в ресторане?

дети	-	barn (pl.)
Как их зовут?	-	Vad heter de?

Часовня Николая Чудотворца на Красном проспекте в Новосибирске.
Klockstapeln "Nikolaj Undergöraren" på Röda avenyn i Novosibirsk.

Стихотворение

В Новосибирске как-то раз
Я в ресторане встретил вас.
Свободный столик рядом был;
«Как вас зовут?» – я вас спросил.
Вы не ответили тогда.
О Нелли, вы моя мечта!
Я в ресторане встретил вас
В Новосибирске как-то раз.
С.М. Козлов. 2008

как-то раз	-	en gång
встретить (perf.)	-	att möta
рядом	-	i närheten, intill
спросить	-	att fråga
ответить	-	att svara
мечта	-	en dröm (om framtiden)

Переведите
- Vad tycker ni om att göra på fritiden?
- Jag älskar att gå på bio och teater. Jag älskar att gå på konserter. Och ni? Berätta om er själv.
- Jag bor och arbetar i Washington. Det är Amerikas huvudstad och en viktig politisk och kulturell stad. Jag arbetar på ett kontor i centrum. Jag tittar ofta på tv. Jag lyssnar på musik och jag läser.
- Har ni barn?
- Ja, jag har en son. Han går på dagis.
- Jaha, det är dags för mig att gå. Det är redan sent.
- Kanske det. Låt oss gå. Men var är tunnelbanan?
- Inte långt bort på Gagaringatan.

Юрий Гагарин. Пе́рвый челове́к в ко́смосе
Jurij Gagarin. Den första mannen i rymden

ПЕ́СНЯ	SÅNG

Люблю́ я борщ

94

Люблю́ я борщ
и щи, да и соля́нку.
Люблю́ я мя́со, сыр и колбасу́.
Люблю́ я да́же
ру́сскую овся́нку.
Люблю́ я всё,
не зна́ю почему́.

Svensk melodi av Karl Boberg - "O Store Gud".

Да рестора́н, уж э́то для меня́
рай на земле́, рай на земле́. } x 2

Ру́сский борщ

Люблю́ вино́,
шампа́нское и во́дку,
но зна́ю, э́то
пло́хо для меня́.
Пить бу́ду во́ду,
лимона́д и ко́фе,
тома́тный сок
и чай без молока́.

овся́нка	- havregryn
почему́	- varför
рай	- paradis
земля́	- jorden
я бу́ду пить	- jag ska dricka
без (+ gen.)	- utan
ждать	- att vänta

Дай мне меню́! А где официа́нт? } x 2
Не на́до ждать! Не на́до ждать!

LEKTION 8   ВРЕМЯ   УРОК 8

Peter anländer till Moskva och får kontakt med Vadim och Ljudmila.
Ivan bjuder ut Ljudmila på operan. Igor letar efter en bankomat i Novosibirsk.

Du kommer att lära dig
- hur man uttrycker tiden i hela timmar
- om tidszonerna i Ryssland
- om att ringa upp och att svara i telefon
- att bjuda ut någon och att arrangera att träffas.

Grammatikdelen omfattar:
- nominativ plural av substantiv och adjektiv
- adjektiv plural av maskulina och feminina icke-levande substantiv och tillhörande adjektiv
- genitiv plural av maskulina substantiv
- adjektivets kortform i plural
- det korta adjektivet **нýжен** - "nödvändig"
- det oregelbundna verbet **мочь** - "att kunna".

I stycket finns bakgrundsinformation om hur man telefonerar i Ryssland.

Ruslan Ryska 1 Övningsbok innehåller 20 extra övningar till den här lektionen.

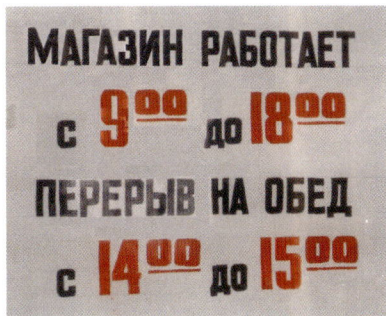

Совéтский анекдóт

– У вас такáя хорóшая женá. Онá всё врéмя на кýхне.
– Да, но э́то потомý, что у нас на кýхне телефóн!

всё врéмя   -   hela tiden
на кýхне   -   i köket

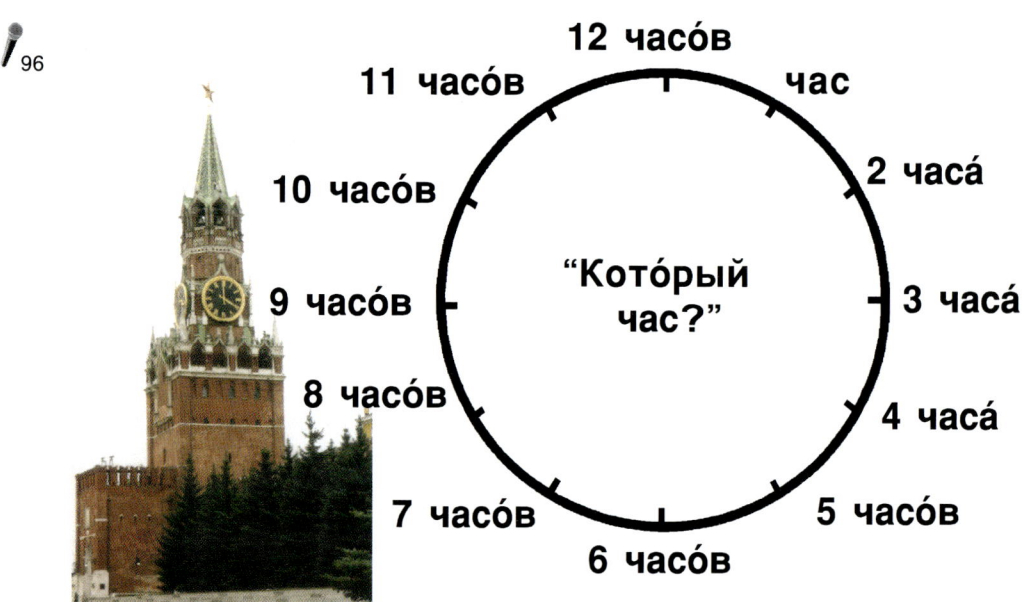

Klockan ett	Час	один är underförstått
Klockan två	Два часа́	Efter talen 2-4 används genitiv singular.
Klockan tre	Три часа́	
Klockan fyra	Четы́ре часа́	
Klockan fem	Пять часо́в	Efter talen 5-20 används genitiv plural.
Klockan sex etc.	Шесть часо́в	
Klockan tolv	Двена́дцать часо́в	

24- timmars angivelse används ofta, speciellt i officiella sammanhang som tex vid tåg, flyg etc.

14.00 Четы́рнадцать часо́в
21.00 Два́дцать оди́н час
22.30 Два́дцать два три́дцать и т.д.

Vad är klockan?
- Ско́лько вре́мени? – Vad är klockan?
- Кото́рый час? – Vad är klockan? (mer formellt)
- Час. – Klockan är ett.
- Четы́ре часа́. – Klockan är fyra.

Hur dags?
- Во ско́лько? – Hur dags?
- В кото́ром часу́? – Hur dags? (mer formell)
- Когда́? – När?
- В час. – Klockan ett.
- В семь часо́в. – Klockan sju.

ДИАЛОГИ УРОК 8

Peter anlände föregående kväll och vaknar upp på sitt hotellrum

Питер: Где я? Который час? Уже десять часов! Хорошо.
А где здесь телефон?

Han slår telefonnumret

Вадим: Алло!
Питер: Вадим Борисович? Доброе утро! Это Питер говорит.
Питер из Лондона. Вы меня помните?
Вадим: Питер! Ну, конечно, помню! Вы в Москве? Когда вы приехали?
Питер: Вчера вечером.
Вадим: Какие у вас планы?
Питер: У меня мало времени, но сегодня я свободен.
Вадим: Тогда, приезжайте к нам. Где вы сейчас?
Питер: В гостинице «Марс».
Вадим: Это совсем близко. Я очень рад.

Вадим: Вы звоните из гостиницы?
Питер: Да, из гостиницы. Запишите мой номер телефона:
241-05-79.
Вадим: Приезжайте сегодня вечером!
Питер: Отлично! А когда?
Вадим: В семь часов.
Питер: Очень хорошо. Спасибо.
Вадим: Хорошо, мы все вас ждём в семь часов вечера.
Питер: А кто все?
Вадим: Я, мама и Людмила. Вы помните Людмилу?
Питер: Ну, конечно, помню! Я очень рад! Слушайте, Вадим Борисович, мне нужны русские деньги. У меня нет денег... Алло! Алло!
Что это? Телефон не работает ...

Samma dag på aftonen, telefonen ringer igen

Вадим: Я слушаю.
Иван: Людмилу Григорьевну, пожалуйста.
Вадим: Кто говорит?
Иван: Иван Козлов.
Вадим: Ах, вот как! Сейчас... Люда, вас спрашивают!

Номер в гостинице Вид из номера

Ljudmila kommer till telefonen

Людми́ла:	Алло́! Я слу́шаю. До́брый ве́чер.
Ива́н:	Людми́ла! Говори́т Ива́н. Как у вас дела́?
Людми́ла:	Ничего́, спаси́бо. А у вас?
Ива́н:	Людми́ла, я приглаша́ю вас на о́перу в Большо́й теа́тр.
Людми́ла:	Когда́?
Ива́н:	Сего́дня ве́чером.
Людми́ла:	Сего́дня я не могу́.
Ива́н:	Тогда́ за́втра в семь часо́в. Вы свобо́дны за́втра?
Людми́ла:	За́втра? Пока́, да. Но прие́хал Пи́тер из Ло́ндона, и я не зна́ю, каки́е у него́ пла́ны. А биле́ты уже́ есть?
Ива́н:	Нет, биле́тов нет, но мо́жно заказа́ть в гости́нице.
Людми́ла:	Тогда́ закажи́те, пожа́луйста. А где мы встре́тимся?
Ива́н:	Встре́тимся в гости́нице в шесть часо́в. Хорошо́?
Людми́ла:	Хорошо́. До за́втра.

Кото́рый час?	Hur mycket är klockan?
у́тро	morgon
До́брое у́тро!	God morgon!
до́брый	snäll, god
по́мнить	att minnas
прие́хать (perf.)	att komma, anlända (med transportmedel)
ве́чер	kväll
ве́чером	på kvällen
пла́ны	planer
ма́ло	lite, inte mycket
ноль (m.)	noll
Приезжа́йте!	Kom och hälsa på!
к нам	till oss
совсе́м	helt
звони́ть	att ringa
записа́ть (perf.)	att skriva upp
отли́чно	utmärkt
все	alla
де́ньги	pengar
мне нужны́ де́ньги	jag behöver pengar
нет де́нег	inga pengar
Вот как!	Jaså, på det viset!
До́брый ве́чер!	God kväll!
Как дела́?	Hur är det?
ничего́ (г uttalas som "v")	bra
мочь (se grammatiken)	att kunna
пока́	än så länge
у него́ (г uttalas som "v")	han har
мы встре́тимся	vi skall träffas

ИНФОРМАЦИЯ УРОК 8

Телефон
Mobiltelefoner (мобильные телефоны eller сотовые телефоны) används i hela Ryssland.

Ryssar kan vara ganska abrupta i telefon och detta kan göra det svårt att telefonera även för personer som är säkra i ryska. När någon svarar i telefon får du vanligtvis inte veta vem som talar. Du kommer bara att höra "Алло!" , "Да!", eller "Я слушаю!"

🎤 101
När ryssarna läser upp ett telefonnummer sätter de vanligen ihop siffrorna i grupper.
Till exempel: 495 830 16 72
Четыреста девяносто пять. Восемьсот тридцать. Шестнадцать. Семьдесят два.
Du kan också bara läsa upp enstaka siffror:
Четыре, девять, пять. Восемь, три, ноль. Один, шесть. Семь, два.

ГРАММАТИКА

Pluraländelse av substantiv
De flesta maskulina substantiv har en pluraländelse på -ы eller -и.
Alla feminina substantiv har en pluraländelse på -ы, -и eller -ии:
 -ы eller -и läggs till på slutet av maskulina substantiv.
 -ы eller -и ersätter -а eller -я och -ии ersätter -ия i slutet av feminina substantiv.

Substantiv som slutar på mjukt tecken eller -й får i plural -и som ersätter det mjuka tecknet eller -й.

Neutrala substantiv ändrar i plural -о till -а, -е till -я och -мя till -мена.

Det finns ofta betoningsförändringar.

🎤 102

Singular	Plural	Singular	Plural
план	планы	трамвай	трамваи
улица	улицы	дело	дела
книга	книги	море	моря
река	реки	здание	здания
рубль	рубли	имя	имена

En del maskulina substantiv förlorar ett -о- eller -е- :
отец	отцы	переулок	переулки

Flera maskulina substantiv använder ett betonat -á för att bilda plural:
паспорт	паспорта	дом	дома
город	города	адрес	адреса

> **Stavningsregel**
> Bokstaven -ы skrivs inte efter г, к, х, ж, ч, ш, щ utan ersätts av -и.
> Nominativ plural av книга är därför книги.

Ackusativ plural av maskulina och feminina icke-levande substantiv och av alla neutrala substantiv är samma som nominativ plural.

> For animate nouns see Ruslan 2.

    Я знаю ваши планы.   Jag känner dina planer.

де́ньги - "pengar" - och щи - "kålsoppa" - finns bara i plural.

Plural av adjektiv
Adjektiv har i nominativ pluraländelserna -ые eller -ие :
    краси́вые города́   vackra städer   но́вые кни́ги   nya böcker
    больши́е авто́бусы stora bussar   ру́сские имена́ ryska förnamn

Genitiv plural av maskulina substantiv
De flesta får ändelsen -ов:
    авто́бус   мно́го авто́бусов
    биле́т   нет биле́тов
    час   семь часо́в

> Andra former av genitiv plural finns i lektion 10 och i grammatiköversikten.

Genitiv pluralis används efter ord som мно́го - "många, fler", efter нет med substantiv i plural, för att översätta "av" med substantiv i plural, efter vissa prepositioner med substantiv i plural, och efter siffrorna fem och uppåt.
    мно́го домо́в   гру́ппа тури́стов   девятна́дцать студе́нтов
    нет пла́нов   пять часо́в   два́дцать шесть киломе́тров
    далеко́ от городо́в

Вас спра́шивают - Man frågar efter er
Tredje person plural utan они́ används för att uttrycka opersonligt "man". Detta låter ganska formellt och används ofta i officiella meddelanden etc.

Det korta adjektivet ну́жен - "nödvändig"
Bokstaven -е- i den maskulina formen är ett flyktigt -е-, som inte finns i andra genus eller i plural:
    Биле́т не ну́жен.   Biljett behövs inte.
    Деклара́ция не нужна́.   Tulldeklarationen är inte nödvändig.
    Такси́ ну́жно?   Behöver ni en taxi?
    Мне нужны́ ру́сские де́ньги. Jag behöver ryska pengar.

Adjektivets kortform i plural
Pluraländelserna är -ы eller -и :
    Ба́нки закры́ты.   Bankerna är stängda.
    Они́ бы́ли о́чень ра́ды. De var mycket glada.

мочь - "att kunna" - ett oregelbundet verb
    я могу́, ты мо́жешь, он / она́ мо́жет, мы мо́жем, вы мо́жете, они́ мо́гут

Я не зна́ю, каки́е у него́ пла́ны.   Jag vet inte vilka planer har han.
I lektion 5 du träffade у меня́ - "Jag har" och у вас - "ni har". Likaså:
    у него́   -   han har   у неё   -   hon har
    у них   -   de har

УПРАЖНЕНИЯ УРОК 8

1. Да или нет?
а. Вадим помнит Питера?
б. У Питера много времени?
в. Вадим рад, что Питер в гостинице "Марс"?
г. Питер помнит Людмилу?
д. Иван приглашает Людмилу на оперу?
е. У Ивана есть билеты?
ж. У Людмилы есть билеты?
з. Билеты можно заказать в гостинице?
и. Людмила знает, какие планы у Питера?

2. Fyll i rätt ord i telefonsamtalet

– Алло
– Кто _____?
– Это Питер. Вы меня _____?
– Конечно, _____. Как _____?
– _____, спасибо.
– Питер, какие у вас _____ на сегодня?
– У меня нет _____.
– Приезжайте _____!
– С удовольствием. А _____?
– Приезжайте в восемь _____.
– _____ хорошо!

| помню |
| Очень |
| дела |
| говорит |
| Хорошо |
| планы |
| планов |
| помните |
| когда |
| к нам |
| часов |

3. Skriv om meningarna i plural
а. Турист читает журнал.
б. Туристка читает книгу.
в. Инженер был здесь.
г. Новый студент тоже был здесь.
д. Магазин открыт.
е. Это новый телевизор?
ж. Английский бизнесмен не говорит по-русски.
з. Новый дом.
и. Интересное дело.

4. Skriv om meningarna i singular
а. Кинокритики обедают.
б. Это русские города.
в. Рестораны открыты.
г. Это хорошие билеты.
д. Ваши книги.
е. Мои сувениры.
ж. Американские паспорта.
з. Московские улицы.

5. Fyll i de tomma raderna och ändra ändelserna efter behov

В Москве много _____, _____, _____ и _____.

В Москве мало _____.

| автобусы - театры - каналы - парки - туристы |

ЧИТАЙТЕ! УРОК 8

1. Peter är lärare i rysk litteratur och vill besöka några ryska författares gravar medan han är Moskva.

    Nedan finns en lista över vilka författare som är begravda i Moskva. Skriv ner på vilka begravningsplatser han kan hitta de gravar vilka han vill besöka, som tillhör författarna Anton Tjechov, Sergej Jesenin, Nikolaj Gogol, Vladimir Majakovskij och Bulat Okudzjava.

Никола́й Васи́льевич Го́голь

КЛАДБИЩА, ГДЕ ПОХОРОНЕНЫ ЛИТЕРАТОРЫ
Армянское кладбище. ул. Сергея Макеева, 12.
Здесь похоронен А.П.Платонов.
Ваганьковское кладбище. ул. Сергея Макеева, 15.
Похоронены: В.С.Высоцкий, С.А.Есенин, А.С.Неверов, Б.Ш.Окуджава, Ю.Н.Тынянов.
Введенское кладбище. Наличная ул.,1.
Похоронены: Д.Б.Кедрин, С.Г.Скиталец, Л.Н.Сейфуллина.
Донской монастырь. Донская площадь,1.
На кладбище монастыря похоронены: И.И.Дмитриев, И.М.Долгорукий, В.И.Майков, А.П.Сумароков.
Новодевичье кладбище. ул. Хамовнический Вал, 50.
Похоронены: С.Т.Аксаков, Э.Г.Багрицкий, Демьян Бедный, Андрей Белый, В.Я.Брюсов, М.А.Булгаков, Н.В.Гоголь, И.А.Ильф, С.Я.Маршак, В.В.Маяковский, А.Н.Островский, А.Т.Твардовский, А.Н.Толстой, А.П.Чехов, В.М.Шукшин, И.Г.Эренбург.

Слова́рь:
кла́дбище	kyrkogård, begravningsplats
кла́дбища	kyrkogårdar, begravningsplatser
похоро́нен	begravd
похоро́нены	begravda

2. Vilka varor utbjuds till försäljning i Markons varuhall och var kommer de ifrån?

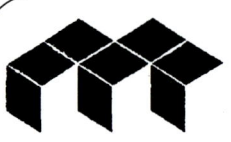

МАРКОН
Торговый зал
в Москве
ул. Стромынка, 2.
ст. метро
"Сокольники"

ТЕЛЕВИЗОРЫ, КАМКОРДЕРЫ,
МЕДИА-ПЛЕЕРЫ, КОМПЬЮТЕРЫ,
НОУТБУКИ, ЛЭПТОПЫ, ПРИНТЕРЫ,
НАВИГАТОРЫ, СМАРТФОНЫ,
ВЕБ-КАМЕРЫ, МИКРОФОНЫ.

ИЗ ЯПОНИИ, ИЗ КИТАЯ, ИЗ КОРЕИ

Тел.: (8) 495 869-02-96

СЛУШАЙТЕ!

Ivan försöker att boka teaterbiljetter ...
1. Till vilken teater försöker han boka biljetter?
2. När vill han besöka teatern?
3. Han erbjöds två möjligheter: baletten "Щелку́нчик" och operan "Снегу́рочка". Vilken valde han och varför?
4. När börjar aftonens föreställning?

ГОВОРИТЕ!

1. **Rollspel.** Du har just kommit till Moskva och ringer till en vän (en annan kursdeltagare eller läraren):

Säg "Hej".	Fråga vem det är.
Säg vem du är och varifrån du kommer och fråga om han/ hon minns dig.	Ja, naturligtvis minns du honom/ henne. Fråga om han/hon har några planer.
Säg att du inte har några planer.	Fråga var han/hon befinner sig.
Svara: på hotell "Sputnik".	Fråga efter telefonnumret.
Svara: 212 45 26	Fråga om han/hon kan komma på besök den här aftonen.
Svara: Ja.	
Fråga när du skall komma.	Förslå klockan sex.
Säg att det är utmärkt.	Avsluta samtalet.

ГОВОРИТЕ! УРОК 8

Россия - карта часовых поясов. Ryssland. Karta över tidszonerna

0 = московское время

Det finns tio tidszoner i Ryssland plus Kaliningrad.
Järnvägstidtabeller för långa distanser använder Moskvatid.

2. Arbeta i par, frågor och svar
— В Москве два часа. Который час в Новосибирске?
— В Новосибирске пять часов.
— В Братске шесть часов. Который час в Москве?
— В Москве час.

Använd först kartan, försök sedan att minnas utan den.

3. Gruppövning
Kursdeltagarna befinner sig i olika städer. Bestäm först en stad för varje kursdeltagare. Sedan säger var och en vad klockan är i respektive stad.

> Архангельск - Братск - Верхоянск - Волгоград
> Владивосток - Екатеринбург - Иркутск - Калининград
> Магадан - Москва - Мурманск - Новосибирск - Омск
> Самара - Санкт-Петербург - Томск - Якутск

Питер — Я в Томске. Сейчас три часа.
Анна   — А я в Екатеринбурге. Здесь два часа.
Мария — Я в Магадане. Здесь восемь часов.
и т.д.

4. Телефонные разговоры. Telefonsamtal
Låtsas ringa olika personer i gruppen. Fråga dem hur de mår (Как дела?). Fråga dem var de är, vad de gör och vad klockan är.

ЧИТАЙТЕ И ПИШИТЕ!   УРОК 8

У Игоря нет денег

Сейчас уже восемь часов вечера. В Новосибирске все банки закрыты, а у Игоря нет денег. В городе много банкоматов. Игорь знает, что на улице Сибирская есть банкомат. Он идёт туда. Всё будет нормально, если кредитная карточка работает.

В одиннадцать часов Игорь в номере. Он устал, но теперь деньги есть. Вдруг звонит его сотовый телефон. Это его бывшая жена, Людмила. Какой сюрприз!

Людмила забыла, что в Новосибирске уже одиннадцать часов. В Москве сейчас только восемь. Людмила спрашивает о работе Игоря и о его командировке. Она спрашивает о Нелли и Николае. Потом она говорит, что старый друг Игоря, Иван Козлов, сейчас работает в Москве. Она говорит, что Иван уже миллионер.

— Нет, — говорит Игорь. — Не может быть. У него нет денег.
— Да-да! Миллионер. И он даже был в США.
— Ну, привет ему от меня! А почему ты так поздно звонишь? Забыла, что я в Сибири?
— Да, забыла. Извини.
— Ну, ладно. Спокойной ночи!

банкомат	- bankomat	бывший	-	tidigare (adj.)
туда	- dit	спрашивать	-	att fråga
будет	- kommer att bli	старый	-	gammal
нормально	- okej	у него	-	han har
если	- om	даже	-	till och med
кредитная карточка		привет	-	hälsning
	- kreditkort	ему	-	för honom
устал	- trött (m.)	ладно	-	fint, okej
вдруг	- plötsligt	Спокойной ночи!		
звонить	- att ringa		-	God natt!
его (г uttalas som "v")	- hans			
сотовый телефон	- mobiltelefon			

Вопросы к тексту

а. Почему банки в Новосибирске закрыты?
б. Какая проблема у Игоря?
в. Где банкомат?
г. Где Игорь, когда Людмила звонит?
д. Сколько времени в Новосибирске, когда она звонит?
е. А сколько времени в Москве?
ж. О ком она спрашивает?
з. Что она говорит об Иване Козлове?
и. Игорь думает, что это правда?

о ком? - om vem?

Переведите
- God morgon. Detta är Vassilij som talar. Kommer du ihåg mig?
- Naturligtvis minns jag dig. Hur mår du?
- Bra, tack.
- Men var är du nu?
- Jag ringer från hotellet "Astoria" i Sankt Petersburg. Jag kom ikväll.
- Det var roligt! (Jag är glad!) Det är ganska nära. Vilka planer har du?
- Jag är ledig i morgon och också på torsdag.
- Bra. Du är inbjuden till en konsert klockan 8 i morgon. Vi träffas vid sju på hotellet. På torsdag arbetar jag, men Maria är ledig.
- Utmärkt! Ge mig Marias telefonnummer, tack.
- Ursäkta. Jag kan inte. Jag har inte hennes (её) nummer.
- Okej. Kanske jag har det. Vi ses i morgon.

- Vilka intressanta böcker!
- Ja, jag älskar att läsa.
- Har du tid att läsa? Du har mycket arbete.
- Ja, jag läser på kvällen. Jag tittar inte på TV.
- Jag vill bjuda dig på bio i morgon.
- Utmärkt! Men det finns inga biljetter till i morgon. Kanske på lördag?

ЧИТАЙТЕ И ГОВОРИТЕ!

Статистика о Новосибирске

Зоопарк – 1
Цирк – 1
Аэропорты - 2
Вокзалы - 5
Музеи - 8
Стадионы - 9
Университеты – 10

Бассейны - 12
Театры – 17
Кинотеатры – 29
Банки, рестораны, автобусы – очень много!

(Статистика на 2012г.)

Работа в группе
Den första personen säger till exempel:
- В Новосибирске десять университетов.

Den andra säger:
- В Новосибирске десять университетов и семнадцать театров.

и т.д.

LEKTION 9   ТЕАТР   УРОК 9

Ivan och Ljudmila är på operan. Ljudmila tycker inte om platserna, men hon tycker om föreställningen.

I pausen ringer Ljudmila till Zoja Petrovna. Sedan bjuder Ivan Ljudmila till den botaniska trädgården.

Igor och Nelly går på balett.

Du kommer att lära dig
- att tala om vad du tycker om och inte tycker om att göra
- att tala om vilka sporter du utövar eller har utövat
- att läsa ett teaterprogram.

Grammatikdelen omfattar:
- reflexiva verb i presens av t ex **начина́ться** - "att börja"
- dativ singular av substantiv
- användningen av **люби́ть** - "att älska" och **нра́виться** - "att behaga"
- verbet **ви́деть** - "att se"
- verbet **игра́ть** med **в** följt av ackusativ - "att spela" om sporter
- användningen av **раз** - "en gång".

Det finns bakgrundsinformation om Rimskij-Korsakovs opera "Snöflickan" och en sång «Конце́рт».

Ruslan Ryska 1 Övningsbok innehåller 17 extra övningar till den här lektionen.

ДИАЛОГИ   УРОК 9

В театре

108 Людмила: Скорее! Опера уже начинается. Где наши места?
     Иван: На балконе.
     Людмила: На балконе? Какие плохие места!
     Иван: Ну, что теперь делать!?

В антракте

109 Иван: Вам нравится опера?
     Людмила: Да, очень нравится. А кто играет роль Снегурочки?
                Можно посмотреть программку?
     Иван: Вот, пожалуйста. А вы не хотите в буфет?
     Людмила: Да, хочу. Пойдёмте?

В буфете

110 Иван: Так вы уже видели «Снегурочку» раньше?
     Людмила: Конечно, два или три раза.
     Иван: Что вы хотите? Чай, кофе? Может быть, хотите вино?
     Людмила: Да, я хочу красное вино.
     Иван: Дайте, пожалуйста, мне чай, а девушке вино.
     Людмила: Иван, здесь есть телефон?
     Иван: Не знаю. А кому вы хотите позвонить? Вадиму?
     Людмила: Нет. Мне надо позвонить Зое Петровне.
     Иван: Хорошо. Я думаю, что телефон налево по коридору.
                Только скорее. Второй акт начинается.

Людмила звонит по телефону

111 Людмила: Зоя Петровна? Это Людмила. Да, я сейчас в театре.
                Да, мне очень нравится. Прекрасная опера.
                И Наталья Иванова прекрасно играет роль Снегурочки.
                Когда кончается? Поздно. Думаю, в десять часов.
                Не надо ждать. А когда Питер возвращается?
                Он уже там? Что он делает? Играет в шахматы?
                Молодец! Скажите Вадиму, что завтра я иду к врачу.
                Хорошо. Спасибо, до свидания.

Второй акт начинается

112 Иван: Ну как? Всё в порядке?
     Людмила: Да. Всё в порядке. Спасибо.
     Иван: Людмила, завтра вы свободны? Я приглашаю вас
                в Ботанический сад. Там очень романтично...
     Людмила: Нет, спасибо. Я иду к подруге на день рождения.
                Пойдёмте! Второй акт начинается...

Скорée!	Skynda dig!	коридóр	korridor
начинáться	att börja	вторóй	andra
наш	vår	акт	akt
мéсто	plats	кончáться	att sluta
местá	platser	возвращáться	att komma tillbaka
балкóн	balkong	шáхматы	schack
плохóй	dålig	Молодéц!	Duktigt!
антрáкт	paus		(Duktig pojke / flicka!)
нрáвиться	att behaga	к (+ dat.)	till / mot
мне нрáвится	jag tycker om	врач	doktor
игрáть	att spela	порядок	ordning
роль (f.)	roll	всё в порядке	allt är i sin ordning
прогрáммка	teaterprogram	ботанический	botanisk
видеть	att se	сад	trädgård
рáньше	tidigare	романтично	romantiskt
раз	gång	подрýга	väninna
нáдо	det är nödvändigt	день рождéния	födelsedag
позвонить (perf.)	att ringa		
по (+ dat.)	längs; runt		

ИНФОРМАЦИЯ

Опера "Снегýрочка"

Снегýрочка - av ordet **снег** (snö) - är en flicka i en gammal rysk saga. Ett barnlöst par gör en flicka av snö och adopterar henne. Hon är en charmerande flicka, älskad av alla. När sommaren kommer går hon på en promenad med sina vänner i skogen och smälter bort i värmen från solen.

Den ryske författaren Ostrovskij använde folksagan i en teaterpjäs med samma namn och den användes senare av Rimskij-Korsakov i en opera.

På nyårsafton besöker **Снегýрочка** och hennes farfar **Дед Морóз** ryska barn med presenter.

Снег и морóз

ГРАММАТИКА   УРОК 9

Reflexiva verb har ändelsen -ся   (eller -сь efter vokal)
возвращáться - att komma tillbaka

я возвращáюсь	jag kommer tillbaka
ты возвращáешься	du kommer tillbaka
он / онá возвращáется	etc.
мы возвращáемся	
вы возвращáетесь	
они́ возвращáются	

De reflexiva verben начинáться - "att börja" och кончáться - "att sluta" används endast i tredje person.

   Вторóй акт начинáется.   Den andra akten börjar.

Dativ singular av substantiv
Dativ används för att uttrycka indirekt objekt:
   Дáйте мне билéт!   Ge mig en biljett!
   Я хочý позвони́ть Пи́теру.   Jag vill ringa till Peter.
Maskulina och neutrala substantiv använder ändelserna -у eller -ю.
Feminina substantiv ändrar -а eller -я till -е, -ь till -и och -ия till -ии.
Dativ av кто är комý, av я är det мне, och av вы är det вам.
Dativ av он är емý, av онá är det ей och av они är det им.

Dativ används efter prepositionerna по - "längs" eller "runt" och к - "mot" eller "till någon":
   Он идёт по коридóру.   Han går längs korridoren.
   Я гуля́ю по Москвé   Jag promenerar omkring i Moskva.
   Я идý к подрýге.   Jag går till min kvinnliga bekant

Dativ används i vissa opersonliga uttryck
   Вам нрáвится óпера?   Tycker ni om operan? (Behagar operan er?)
   Мне нáдо рабóтать.   Jag måste arbeta. (Att arbeta är nödvändigt för mig.)
   Емý нужны́ дéньги.   Han behöver pengar.
   Ей плóхо.   Hon mår inte bra.

люби́ть är ett transitivt verb som betyder "att älska" eller "att tycka (väldigt mycket) om".
   Я люблю́ шоколáд.   Jag älskar choklad.
нрáвиться betyder "att behaga". нрáвиться används med dativ och översätts ofta med "att tycka om".
   Мне нрáвится пьéса.   Jag tycker om pjäsen. (Pjäsen behagar mig.)

ви́деть - "att se"
   я ви́жу, ты ви́дишь, он / онá ви́дит, мы ви́дим, вы ви́дите, они́ ви́дят
Notera konsonantförändringar i första person singular från -д till -ж.

игрáть в шáхматы - att spela schack
I samband med spel och sporter används игрáть med в och ackusativ:
   Он игрáет в хоккéй.   Han spelar ishockey.

раз - en gång

один раз	-	en gång
не один раз	-	mer än en gång
три ра́за	-	tre gånger
пять раз	-	fem gånger
мно́го раз	-	många gånger
Ско́лько раз?	-	Hur många gånger?

> När man räknar "ett, två, tre ..." skall man börja med "раз":
> раз, два, три, четы́ре, пять ...

УПРАЖНЕ́НИЯ

1. Да и́ли нет?
а. Людми́ла ду́мает, что места́ хоро́шие.
б. Людми́ле на́до позвони́ть в Ло́ндон.
в. Телефо́н нале́во по коридо́ру.
г. Ива́н приглаша́ет Людми́лу на конце́рт.
д. О́пера конча́ется по́здно.
е. Пи́тер игра́ет в ша́хматы.

2. Finn det rätta ordet!

– Зо́я Петро́вна? _____ ве́чер!
– До́брый _____! Вы в _____?
– Да, я в теа́тре.
– И как _____ нра́вится о́пера?
– Мне о́чень _____. Прекра́сная о́пера!
– А когда́ _____ конча́ется?
– Она́ _____ по́здно.
  Не _____ меня́ _____.

она́
ве́чер
До́брый
ждать
конча́ется
вам
нра́вится
теа́тре
на́до

3. Fyll i de tomma raderna, välj rätt alternativ med hänsyn till handlingen och lägg till dativändelser

Людми́ла говори́т _____, что за́втра она́ идёт к _____, но она́ говори́т _____, что она́ идёт к _____ .

врач
Ива́н
Зо́я Петро́вна
подру́га

4. Во что они́ игра́ют?
Vad spelar de?
Андре́й Арша́вин
Па́вел Буре́
Га́рри Каспа́ров
Мари́я Шара́пова
Андре́й Шевче́нко
Михаи́л Ю́жный

Отве́т: Влади́мир Пу́тин игра́ет в насто́льный те́ннис.

5. А кто игра́ет в насто́льный те́ннис?

ЧИТАЙТЕ И ПИШИТЕ!   УРОК 9

ДЕТСКИЙ ТЕАТР
26 июня 2012г. в 14.00
КОТ В САПОГАХ
Пьеса-сказка в 2 частях
Перевод Л. Гинзбурга
Действующие лица:

Кот	В. Иванов
Стефан	С. Маковецкий
Король	М. Шапиро
Принцесса	Л. Корнева
Солдат	И. Лагутин
Волшебник	В. Русланов
Крестьянин	А. Котрелев
Его жена	А. Козлова
Дуб	Д. Воронин
Берёза	А. Потапова
Ведьма	Д. Пешкова
Музыка	Е. Фёдоров
Танцы	Н. Иванова

1. Vad finns på barnteaterns program? Vilket datum och vilken tid?
2. Vilka roller spelar följande aktörer: Igor Lagutin, Larissa Kornjeva och Viktor Ivanov?
3. Titta på namnen, du kan med säkerhet bestämma vilka som är manliga och kvinnliga aktörer utom en. Vilken?
4. Skriv meningar baserade på annonsen ovan. Ett exempel finns nedan.

Observera att det finns två sätt att skriva "т" -
(Här har vi använt alternativ två)   *m/т*

И. Лагутин играет роль солдата.

ЧИТАЙТЕ! УРОК 9

Спектáкли

1. Var ges de här balettföreställningarna?
2. Vilken balett handlar om en fransk kejsare?
3. Vilken orkester spelar?

Демонстрáция

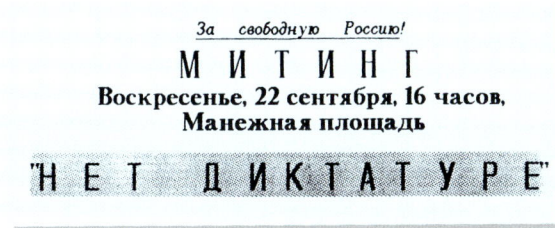

1. När och var äger demonstrationen rum?
2. Vad sa demonstrationen "Nej" till?
3. Stöder hon Boris eller inte?

СЛУШАЙТЕ!

Ljudmila pratar med sin vän Tamara ...
1. När träffade Ljudmila Tamara?
2. Vet Tamara att Ivan är rik?
3. Har Tamara någonsin sett "Снегýрочка"?
4. Är Ljudmila ivrig att presentera Ivan för Tamara?

| ГОВОРИТЕ! | УРОК 9 |

1. **Rollspel**

Föreslå din partner att ni ska besöka Vachtangovteatern. (Теа́тр Вахта́нгова) Det är pjäsen "Onkel Vanja" «Дя́дя Ва́ня» av Tjechov som spelas. I morgon kväll. Klockan sju. Var ska vi träffas?	Fråga vilken förställning som spelas. Svara ja, med nöje, men när? Vilken tid? Mycket bra! På teatern.

2. **Когда́ вы возвраща́етесь? - När kommer ni tillbaka?**
   Öva i cirkel
   Föreställ dig att deltagarna i din grupp går ut under dagen och återvänder vid olika tidpunkter. Varje deltagare bestämmer när han/hon kommer tillbaka. En deltagare börjar:
   – Я возвраща́юсь в 10 часо́в
   Nästa person repeterar detta i tredje person och lägger till sin egen tid:
   – Он/она́ возвраща́ется в 10 часо́в. Я возвраща́юсь в 9 часо́в.
   Fortsätt så hela cirkeln runt.

   Sedan pratar deltagarna med varandra och försöker minnas när han/hon återvänder.

3. **En gissningslek där dativ används.**
   Det behövs verkliga föremål eller bilder:

па́спорт - кни́га - вино́ - во́дка - лимона́д биле́т - су́мка - де́ньги - газе́та - сувени́р

   och en lista med yrken:

журнали́ст - кинокри́тик - студе́нт - бизнесме́н тракори́ст - программи́ст - врач - инжене́р - солда́т

   En person går ut ur rummet. Medan han/hon är ute, ge varje person ett yrke och be sedan honom/henne att komma in.
   Ge honom/henne instruktioner enligt nedan:
   – Да́йте па́спорт журнали́сту!
   – Да́йте су́мку студе́нту!

   Personen som har varit ute ur rummet måste lista ut vem som är vem och ge respektive person det förmål som instrueras.

4. **Вы игра́ете в те́ннис?**
Lista ut vilken sport deltagarna i din grupp utövar och om någon utövar samma sport som du.

- Вы игра́ете в те́ннис? – Нет.
- Вы игра́ете в футбо́л? – Нет.
- Вы игра́ете в ша́хматы? – Да.
- Я то́же игра́ю в ша́хматы. – Хорошо́!
- Вы пла́ваете? – Нет.

Du kan även säga vilken sport du brukade utöva:
- Вы игра́ли в те́ннис?

Ви́ды спо́рта
бадминто́н
баскетбо́л
бейсбо́л
бэ́нди
волейбо́л
гандбо́л
гольф
насто́льный те́ннис
ре́гби
те́ннис
футбо́л
хокке́й
ша́хматы

Влади́мир Влади́мирович игра́ет в футбо́л?

5. **Вы лю́бите игра́ть в те́ннис?**
Fråga vilken sport som deltagarna i din grupp tycker om att utöva:
- Вы лю́бите игра́ть в гольф? – Нет.
- Вы лю́бите игра́ть в футбо́л? – Да.
- Я то́же люблю́ игра́ть в футбо́л! – Хорошо́!
- Вы лю́бите пла́вать? – Да.
- Вы лю́бите бе́гать? – Нет.

| att simma | пла́вать |
| att springa | бе́гать |

6. **Разгово́р по телефо́ну**
Arbeta i par. Upprepa telefonsamtalet mellan Ljudmila och Zoja Petrovna på sidan 122, med en egen version av Zoja Petrovnas del. Använd först texten i boken, försök sedan att minnas utantill.

ЧИТАЙТЕ И ПИШИТЕ!   УРОК 9

В театре

Игорь и Нелли в театре оперы и балета. Там идёт балет «Анна Каренина». Игорь покупает программку, и они идут в ложу. Места хорошие, и балет отличный. В антракте они идут в буфет. Игорь заказывает белое вино и шампанское. Нелли надо позвонить мужу, потому что балет поздно кончается. Она говорит Николаю, что её не надо ждать. Начинается второй акт. Нелли очень нравится этот балет. Она смотрела его уже три раза. В десять часов балет кончается.

Игорь приглашает Нелли в ресторан, но она не может пойти, потому что завтра ей надо быть рано на работе. Уже поздно. Нелли едет домой на такси, а Игорь идёт в гостиницу пешком.

В номере звонит мобильник. Там СМС от Людмилы: «Извини, что я вчера так поздно звонила».

– Ну, ладно, – улыбается Игорь. А почему она так поздно посылает СМС?!

опера	-	opera
балет	-	balett
отличный	-	utmärkt
покупать	-	att köpa
ложа	-	loge
спектакль (m.)	-	föreställning
рано	-	tidigt
после (+ gen.)	-	efter
пешком	-	till fots
СМС	-	sms
улыбаться	-	att le
посылать	-	att skicka

Вопросы к тексту

а. Где Игорь и Нелли?
б. Что они смотрят?
в. Какие у них места?
г. Что они делают в антракте?
д. Почему Нелли звонит мужу?
е. Сколько раз Нелли смотрела балет «Анна Каренина»?
ж. Когда балет кончается?
з. Почему Нелли не может пойти в ресторан?
и. Как они возвращаются домой после балета?

Переведите
- Jag är glad att se dig! Vilken film är det idag?
- "Doktor Zjivago".
- Utmärkt! Boris Pasternak. Han är en utmärkt författare! (писа́тель) Han förstod Sovjetunionen (Сове́тский Сою́з) mycket väl. Var är våra platser?
- På balkongen.
- Vem spelar Laras roll?
- Julie Christie. Jag älskar den här filmen väldigt mycket. Jag har sett den sex gånger!
- Vet du vilken tid filmen slutar? Jag behöver ringa Elena.
- Den slutar klockan tio. Men skynda dig, filmen börjar!

ПЕСНЯ	SÅNG

Конце́рт

В пять часо́в конце́рт начина́ется.
Я хочу́ послу́шать кларне́т!
То́лько пять мину́т, мы не мо́жем ждать.   } x 2
Ах, скажи́, Ва́ня, где биле́т?

Till melodin av "Moskvanätter"   www

Здесь игра́ют вальс Шостако́вича.
Слы́шны тру́бы, скри́пки, тромбо́н.
Как вам нра́вится э́та му́зыка?   } x 2
Да́же есть там аккордео́н.

А в антра́кте пьём мы шампа́нское.
Я хочу́ програ́ммку купи́ть.
Там напи́сано, кто наш дирижёр,   } x 2
Да и кто молодо́й соли́ст!

В семь часо́в конце́рт уж конча́ется.
Нам пора́ пое́хать домо́й.
А я так люблю́ э́ту му́зыку.   } x 2
Ско́ро бу́дет конце́рт друго́й!

вальс	-	vals
слышны́	-	hörbara (pl.)
вме́сте	-	tillsammans
купи́ть	-	att köpa
напи́сано	-	skrivet
дирижёр	-	dirigent
молодо́й	-	ung
соли́ст	-	solist
уж / уже́	-	redan
друго́й	-	en annan

| LEKTION 10 | ДОМ | УРОК 10 |

Ljudmila äter middag tillsammans med sin vän Tamara och berättar för henne om sin resa till England. Tamara är mycket intresserad av Ljudmilas manliga vänner och skulle vilja träffa dem. Ljudmila kommer tillbaka till Zojas lägenhet mycket sent.

Igor besöker Nikolajs och Nellys datja.

Du kommer att lära dig
- att beskriva hus och lägenheter på ryska
- att tala om att spela olika musikinstrument
- att förstå en rysk TV-guide.

Grammatikdelen omfattar:
- **Спасибо за ...** - "Tack för ..." som följs av ackusativ
- instrumentalis singular av substantiv
- stavningsregeln som påverkar den obetonade bokstaven **o**
- genitiv plural av feminina substantiv
- genitiv plural av maskulina och feminina substantiv som slutar på **-ь**
- genitiv plural av maskulina substantiv som slutar på **-ж**, **-ч**, **-ш** eller **-щ**
- böjningen av personliga pronomen
- maskulina substantiv med lokativändelse i singular på -у́ eller -ю́
- verbet **играть** med **на** och lokativ - "att spela" instrument
- verben **спать** - "att sova", **петь** - "att sjunga" och **пить** - "att dricka".

Det finns bakgrundsinformation om boende i Ryssland och en gammal rysk folkvisa "Stäpp, stäpp runt omkring".

Ruslan Ryska 1 Övningsbok innehåller 23 extra övningar till den här lektionen.

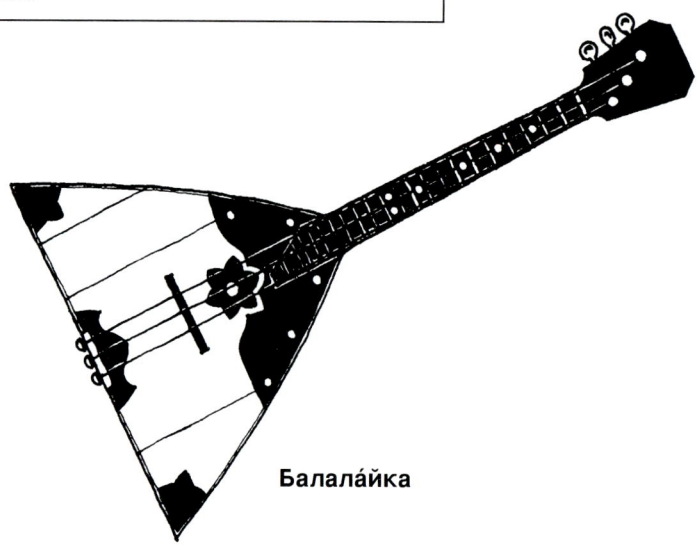

Балала́йка

ДИАЛОГИ   УРОК 10

Ljudmila har just avslutat en måltid hos sin vän Tamara

119

Людмила: Спасибо за обед. А уже поздно?
Тамара: Пять часов.
Людмила: Ну, мне пора.
Тамара: Нет, давай пить чай. С молоком или с лимоном?
Людмила: Ладно. С молоком, пожалуйста.

120

Тамара: Теперь расскажи о Лондоне. Сколько времени ты жила у Питера?
Людмила: Я была там пять дней.
Тамара: А Вадим знает?
Людмила: Конечно, нет. Я ничего не говорила Вадиму.

121

Тамара: Питер живёт в квартире?
Людмила: Нет. У него обычный английский дом.
Тамара: Как у тебя в Софрино?
Людмила: Нет, что ты! У него два этажа и все удобства: газ, электричество...
Тамара: Два этажа?! И балкон есть? А сколько комнат?
Людмила: Балкона нет, но есть гараж. Внизу – кухня, столовая и гостиная, а наверху – три спальни.
Тамара: А туалет, как в Софрино, на улице?
Людмила: У него два туалета – один внизу, другой наверху.
Тамара: А какая у него мебель?
Людмила: Мебель обычная – столы, стулья, книжные полки, много книг. Всё, как у меня в Софрино. Мне нравится его гостиная – большой удобный диван, два кресла и большой телевизор.

122

Тамара: Он часто смотрит телевизор?
Людмила: Нет. Он всё время работает с компьютером. Но он любит фильмы о Джеймсе Бонде. Мы смотрели фильм «Из России с любовью».
Тамара: Я думаю, что ему надо жениться. Он живёт один?
Людмила: Нет. Он живёт с мамой. Ты знаешь, сад у него очень красивый. Питер его очень любит и работает в нём каждый день. У него в саду очень много цветов и в огороде много овощей.
Тамара: Сад! Это не интересно! Когда мне можно познакомиться с Питером?
Людмила: Я не знаю. Он очень занят. Он здесь по делу. А ты знаешь, он очень хорошо играет на гитаре и поёт.
Тамара: Хорошая ты подруга! У тебя есть миллионер из Саранска. Я его ещё не видела. Ну и, конечно, Вадим... Он о тебе всё время говорит... А теперь этот англичанин!
Людмила: Ой, не надо! Мне пора идти!

Hos Zoja Petrovna

Зо́я Петро́вна:	Людми́ла! Наконе́ц! Где вы бы́ли?
Людми́ла:	У подру́ги. Извини́те, что по́здно.
Зо́я Петро́вна:	А я сказа́ла Вади́му, что вы у врача́.
Людми́ла:	Да, я была́ у врача́ то́же. А где Пи́тер?
Зо́я Петро́вна:	Игра́ет в ша́хматы с Вади́мом.
Людми́ла:	Ла́дно. Я иду́ спать. Споко́йной но́чи!

> Продолже́ние сле́дует - Berättelsen fortsätter i "Ruslan 2" och "Ruslan 3".

Спаси́бо за (+ ack.)	Tack för....	кни́жный	bok-
Дава́й(те)... !	Låt oss ... !	по́лка	hylla
с (+ instr.)	med	удо́бный	bekväm
ла́дно	fint, bra	дива́н	soffa
ничего́	ingenting	кре́сло	fåtölj
кварти́ра	lägenhet	жени́ться	att gifta sig
обы́чный	vanlig		(för en man eller ett par)
эта́ж	våning	сад	trädgård
удо́бство	bekvämlighet	огоро́д	grönsaksland
газ	gas	о́вощ	grönsak
электри́чество	elektricitet	ка́ждый	varje
внизу́	på nedervåningen	познако́миться с (perf.)	
ку́хня	kök		att bekanta sig med
столо́вая	matsal	де́ло	affär
гости́ная	vardagsrum	по де́лу	i affärer
наверху́	på övervåningen	гита́ра	gitarr
спа́льня	sovrum	петь	att sjunga
туале́т	toalett	Наконе́ц!	Äntligen!
на у́лице	på gatan, ute	сказа́ть (perf.)	att säga
друго́й	en annan	спать	att sova
ме́бель (f.)	möbler	Споко́йной но́чи!	God natt!
стол	bord		
стул	stol		
сту́лья	stolar		

Со́фрино
Sofrino är ett typiskt lantligt boende för pendlare, ungefär 50 kilometer norr om Moskva.

жени́ться - att gifta sig (för en man)
Detta används endast för män eller ett par. För kvinnor används вы́йти за́муж vilket bokstavligen betyder "att gå ut (ur kyrkan) efter en man".

ИНФОРМАЦИЯ УРОК 10

Boende i Ryssland

I städerna bor man i stora hyreshus. Det finns vanligen fem, nio eller tolv våningar och en delad entré med hiss eller hissar. Ofta finns det en innergård och en säker lekplats för barn. Centralvärme och varmvatten levereras normalt av en lokal vattenvärmeenhet. Det kan vara svårt med parkering. Ofta har människor ett garage eller en plats i en säker parkering en bit bort från deras hem.

Under de senaste åren har en del jättehyreshus med 22 eller fler våningar byggts med underjordisk parkering.

En del ryssar har egna коттéджи som inte är stugor utan stora villor i utkanten av större städer.

På landsbygden bor man ofta i små trähus med en tillhörande bit mark.

Många äger en дáча, en "sommarstuga", utanför stan dit de åker på helger och semestrar. Vid datjan odlar man frukt och grönsaker som på en kolonilott.

De flesta datjor har byggts på ett datjaområde som olika organisationer tidigare har förvärvat för sina anställda.

Дом в деревне

Квартиры в городе

Новый коттедж недалеко от Москвы

Двухкомнатная квартира - En tvårumslägenhet

Там есть две комнаты и ещё прихожая, кухня, ванная и туалет.

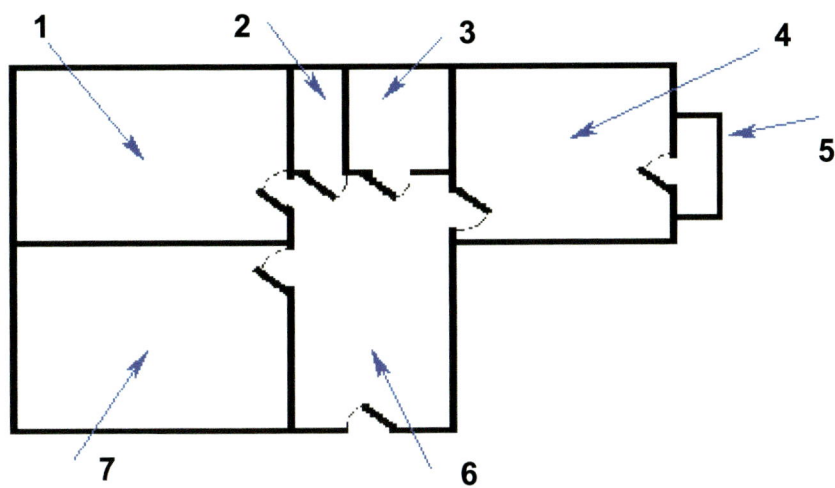

Ключ

1. кухня
2. туалет
3. ванная
4. спальня
5. балкон
6. прихожая
7. гостиная / спальня №2

ванная	-	badrum
прихожая	-	hall, tambur
гостиная	-	vardagsrum

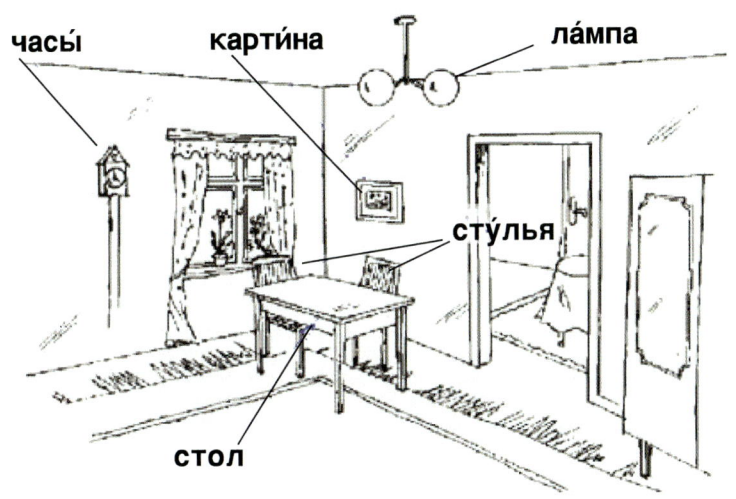

ГРАММАТИКА УРОК 10

спасибо за ... i betydelsen "tack för ..." följs av ackusativ
    Спасибо за обед.   Tack för lunchen.
    Спасибо за книгу.   Tack för boken.

Substantiv i instrumentalis singular
Instrumentalis används efter с i betydelsen "med".
Maskulina och neutrala substantiv har den
hårda ändelsen -ом eller den mjuka -ем .
Feminina substantiv har den hårda ändelsen -ой eller den mjuka -ей.
Feminina substantiv som slutar på mjukt tecken har ändelsen -ью.

> Se tabellerna på sidorna 150 och 151.

    чай с лимоном   - te med citron
    Он живёт с мамой.   Han bor med sin mamma.
    Я играю с Катей.   Jag leker med Katja.
    из России с любовью   - från Ryssland med kärlek

    мать - "mor" - ändras till матерью
    дочь - "dotter" - ändras till дочерью

> För andra användningar av instrumentalis se Ruslan 2 och 3.

Stavningsregeln för den obetonade bokstaven о
Obetonat о skrivs inte efter ж, ч, ш, щ eller ц, utan ersätts med е:
    med Natasja   -   с Наташей

Genitiv plural - fler ändelser
Feminina substantiv som slutar på -а förlorar denna bokstav i genitiv plural:
    книга   много книг   många böcker
    комната   сколько комнат?   hur många rum?
Feminina eller maskulina substantiv som slutar på mjukt tecken får ändelsen -ей:
    день   пять дней   fem dagar
    вещь   много вещей.   en massa saker
Maskulina substantiv som slutar på -ж, ч, ш eller щ får ändelsen -ей:
    ключ   много ключей   en massa nycklar
    овощ   много овощей   mycket grönsaker

Oregelbundna pluralformer
цветок - "en blomma" har nominativ plural цветы och genitiv plural цветов.
стул - "en stol" har nominativ plural стулья och genitiv plural стульев.
друг - "en vän" har nominativ plural друзья och genitiv plural друзей.

в саду - i trädgården
Flera maskulina substantiv har lokativändelse i singular på -у eller -ю,
som används efter в - "i" och на - "på". Denna ändelse är alltid betonad:
    Питер работает в саду.   Peter arbetar i trädgården.
    Турист в аэропорту.   Turisten är på flygplatsen.
    Живём на даче, как в раю!   Vi bor på datjan som i ett paradis.

    Observara att lokativböjningen efter о - "om" eller "på" - är regelbunden:
    Питер говорит о саде.   Peter talar om trädgården.
    Она думает об аэропорте.   Hon tänker på flygplatsen.

Böjning av personliga pronomen

N	я	ты	он	она́	мы	вы	они́
G	меня́	тебя́	его́*	её*	нас	вас	их*
D	мне	тебе́	ему́*	ей*	нам	вам	им*
A	меня́	тебя́	его́*	её*	нас	вас	их*
I	мной	тобо́й	им*	ей*	на́ми	ва́ми	и́ми*
L	мне	тебе́	нём	ней	нас	вас	них

* Efter prepositioner läggs bokstaven н- till före formerna: его́, её, их etc, och de ändras till него́, неё, них etc. Lokativ föregås alltid av en preposition.

Мне пора́ идти́.	Det är dags för mig att gå.
Он о тебе́ говори́т.	Han pratar om dig.
У него́ два туале́та.	Han har två toaletter.
Он рабо́тает в нём.	Han arbetar i den.
Ему́ на́до жени́ться.	Han borde gifta sig.

Пи́тер игра́ет на гита́ре

I fråga om musikinstrument används игра́ть med на och lokativ:

Пи́тер игра́ет на гита́ре.　Peter spelar gitarr.
Са́ша игра́ет на аккордео́не.　Sasja spelar dragspel.

Men observera:

Президе́нт игра́ет в футбо́л.　Presidenten spelar fotboll.

за́нят - upptagen

Detta är ett kort adjektiv. Notera betoningsförändringarna.

он за́нят / она́ занята́ / оно́ за́нято / они́ за́няты

Споко́йной но́чи! - God natt! (Jag önskar dig/er God natt!)

Detta står i genitiv. Verbet жела́ть som styr genitiv är här utelämnat.

спать - "att sova"

я сплю, ты спишь, он / она́ спит, мы спим, вы спи́те, они́ спят

петь - "att sjunga"

я пою́, ты поёшь, он / она́ поёт, мы поём, вы поёте, они́ пою́т

пить - "att dricka"

я пью, ты пьёшь, он / она́ пьёт, мы пьём, вы пьёте, они́ пьют

Чай с молоко́м　　**Чай с лимо́ном**

УПРАЖНЕНИЯ	УРОК 10

1. Вопросы к тексту
а. Людмила пьёт чай с лимоном или с молоком?
б. Где жила Людмила в Лондоне?
в. Вадим знает, что Людмила жила у Питера?
г. Дом Питера - это типичный английский дом?
д. У Питера есть балкон?
е. Какой телевизор у Питера?
ж. Питер живёт один?
з. Что думает Тамара о саде Питера?

2. Välj ut rätt ord

- А вы живёте в _____ Лондона?
- Нет, но недалеко от _____.
- У вас _____?
- Нет, я живу в _____.
- Интересно. А это _____ дом?
- Нет. Это обычный дом. Два _____. Но _____ большой.
- Очень интересно. А ваша _____ работает?
- У меня нет _____. Я живу с _____.

сад
квартира
доме
центре
центра
большой
мамой
этажа
жены
жена

3. Komplettera meningarna
а. Людмила пьёт чай с _____.
б. Питер живёт с _____.
в. Тамара хочет познакомиться с _____.
г. Питер играет в шахматы с _____.
д. Иван был в театре с _____.
е. Фильм "Из России с _____".

мама
Питер
молоко
Людмила
Вадим
любовь

4. Fyll i "Питер" i rätt kasus

а. О ком вы думаете? О Вадиме?   Нет, о Питере!
б. У кого есть новый билет? У Вадима? Нет, у _____ !
в. Кто был в гостинице? Вадим?   Нет, _____!
г. Кому вы звоните? Вадиму?   Нет, _____!
д. Вы были в доме Вадима?   Нет, в доме _____ !
е. С кем вы играли? С Вадимом?   Нет, с _____!

Upprepa övningen ovan med "Людмила" istället för "Питер". Upprepa även övningen med andra namn.

ЧИТАЙТЕ! УРОК 10

Du arbetar för ett oljebolag i Sibirien. Det är snöstorm och du kan inte gå ut, därför bestämmer du dig för att se på TV. Du tittar i programtablån i den lokala tidningen och skriver ner vilka program som kan vara intressanta. Du skriver ner programtitel och sändningstid för:

1. Alla sportprogram

2. Alla möjligheter att lyssna på musik

3. Alla program som har att göra med ditt arbete inom oljeindustrin

ТВ ДЛЯ ВАС!

Канал ОСТАНКИНО
- 9.20 Мультфильм
- 9.25 Симпсоны
- 10.10 Торговый мост
- 10.40 В мире животных
- 11.20 Теледоктор
- 11.50 Волейбол
- 12.20 Телефильм "Криминальный талант"
- 13.25 Мультфильм
- 13.40 Новости
- 14.30 Теннис
- 16.10 Блокнот
- 16.15 Зебра
- 17.00 Концерт : Американский джаз
- 18.20 Последняя война в Грузии
- 19.00 Симпсоны
- 19.55 Итоги
- 20.35 Документальный телефильм
- 21.50 "Моя вторая мама" художественный фильм
- 23.50 Хоккей

Канал РОССИЯ 1
- 8.55 Концерт
- 9.15 Панорама новостей
- 10.10 Нью-Йорк сегодня
- 11.15 Музыкальный фестиваль в Санкт-Петербурге
- 12.10 С новым домом!
- 13.10 Российская энциклопедия
- 13.55 Нефтяные ресурсы Сибири
- 14.15 Художественный фильм "Я шагаю по Москве"
- 16.10 Наша железная дорога
- 17.10 Волшебный мир Диснея
- 18.25 Кинозвёзды говорят
- 19.00 Военное ревю
- 19.20 Мультфильм
- 19.30 Специальный корреспондент
- 20.00 Что? Где? Когда?
- 20.45 Дикая природа Америки
- 21.15 Календарь садовода
- 21.45 Видеосалон
- 23.05 Ночное небо

СЛУШАЙТЕ! УРОК 10

Tamara letar efter en ny lägenhet. Någon ringer:

126
1. Hur beskriver mannen sin lägenhet?
2. Hur stort är köket?
3. Var ligger lägenheten?
4. Tamara antecknade hans telefonnummer. Är det rätt?

246-89-47

ГОВОРИТЕ!

1. **Använd följande frågor för att förbereda en kort presentation av ditt hus / din lägenhet**
   - У вас большой дом? / У вас большая квартира?
   - У вас два этажа?
   - Какие у вас комнаты?
   - У вас есть балкон?
   - У вас есть гараж?
   - У вас есть компьютер, телевизор, телефон?
   - Какая мебель у вас?
   - У вас большой сад?
   - Вы живёте в центре города?

   Jämför sedan ditt hus / din lägenhet med andra deltagares hus / lägenhet i din grupp.

2. **Vem spelar du med? - С кем вы играете?**
   Språklek för en grupp.

   Förbered ett antal kort med endast förnamn, t ex Иван, Борис, Нина, Наташа. Varje medlem i gruppen tar två eller tre kort. Dessa är de deltagare som du måste säga att du spelar med.

   Sitt i en cirkel. Den första personen säger vem han spelar tillsammans med:

   – Я играю с Иваном и с Ниной.

   Den andra personen upprepar detta och lägger till sin egen mening:

   – Он играет с Иваном и с Ниной, а я играю с Катей и с Борисом.

   Fortsätt runt hela cirkeln tills alla har fått säga vem man spelar med och hjälp varandra om det är nödvändigt. Prata sedan slumpvis med varandra och försök att minnas vem som spelar med vem.

ГОВОРИТЕ! УРОК 10

3. **Вы играете на гитаре?**
   Lista ut vilket instrument övriga kursdeltagare spelar.
   – Вы играете на гитаре?   – Нет.
   – Вы играете на пианино?   – Нет.
   – Вы играете на аккордеоне? – Да.
   – Я тоже играю на аккордеоне. – Хорошо!

   Du kan prata om vilka instrument du har spelat tidigare.
   Du kan också prata om vilka instrument som spelas av olika musiker som du känner till.

   аккордеон
   балалайка
   виолончель
   кларнет
   контрабас
   барабан
   флейта
   гитара
   орган
   пианино
   рояль
   саксофон
   труба
   тромбон
   скрипка
   гобой

4. **Övning av substantivändelser**
   Använd namnkorten som ni förberedde för övning 2 och några frågekort med handlingar som ger olika substantivändelser, t ex frågorna i övning 4 på sidan 140. En person delar ut ett frågekort och nästa person ett namnkort och du ska svara så snabbt som möjligt.

   – Я думаю о Наташе!

ЧИТАЙТЕ И ПИШИТЕ! УРОК 10

На да́че

В суббо́ту и в воскресе́нье И́горь был на да́че у Не́лли и Никола́я. Да́ча нахо́дится в лесу́, далеко́ от го́рода. От це́нтра Новосиби́рска почти́ два часа́ на маши́не.

Это большо́й, деревя́нный дом. Внизу́ – прихо́жая, ку́хня и больша́я гости́ная. На ку́хне – традицио́нная ру́сская печь. В гости́ной – дива́н, два кре́сла и сто́лик. На стене́ – часы́, карти́ны и фотогра́фии. Наверху́ – две спа́льни. Там пи́сьменный стол и второ́й дива́н. На стене́ – туркме́нский ковёр.

В гараже́ – лы́жи, са́нки, велосипе́ды и ста́рый мотоци́кл «Ура́л». В по́гребе – карто́шка. О́коло до́ма – небольшо́й огоро́д. Там о́вощи и я́годы. Недалеко́ – коло́дец, сара́й и туале́т. Вода́ в коло́дце о́чень вку́сная.

На да́че нет телефо́на и ча́сто нет электри́чества. В сентябре́ Никола́й хо́чет купи́ть генера́тор.

По́сле обе́да И́горь, Не́лли и Никола́й сидя́т на вера́нде. Они́ пьют чай с варе́ньем. Не́лли игра́ет на гита́ре и поёт. И́горь и Никола́й игра́ют в домино́, а де́ти игра́ют с кото́м.

Ве́чером друзья́ сидя́т на ку́хне и разгова́ривают. Де́ти спят. Кот то́же спит. Недалеко́ в лесу́ поёт солове́й. Как хорошо́! И́горь говори́т, что у него́ ско́ро бу́дет но́вая рабо́та в го́роде Байка́льске, на берегу́ Байка́ла. Но пока́ это большо́й секре́т.

Ру́сская да́ча

находи́ться	att befinna sig	мотоци́кл	motorcykel
лес	skog	я́годы	bär
почти́	nästan	коло́дец	brunn
деревя́нный	trä-	сара́й	skjul
прихо́жая	hall	генера́тор	generator
традицио́нный	traditionell	вера́нда	veranda
печь (f.)	spis	сиде́ть	att sitta
стена́	vägg	варе́нье	sylt
часы́	klocka	де́ти	barn
туркме́нский	turkmenisk	кот	katt
ковёр	matta	друзья́	vänner
по́греб	förvaring under golvet	солове́й	näktergal
лы́жи	skidor	бе́рег	strand
са́нки	kälke	Байка́л	Bajkalsjön
велосипе́д	cykel	пока́	tills vidare

Вопросы к тексту

а. Где был Игорь в субботу и в воскресенье?
б. Где находится дача Нелли и Николая?
в. Это новый дом?
г. Какие комнаты внизу и какие наверху?
д. Какая мебель в доме?
е. Что в погребе?
ж. Что в огороде?
з. Где туалет?
и. Как Вы думаете, почему Николай хочет купить генератор?
к. Что говорит Игорь о работе?

собираться	- att samlas
камин	- kamin / öppen spis
услышав нас	- efter att ha hört oss
заводить	- för att starta
в тот же час	- i samma stund

Стихотворение

Люблю на дачу ездить я.
Здесь собираются друзья.
Я на камин люблю смотреть,
А Нелли очень любит петь.
Я тоже вместе с ней пою,
Живём на даче, как в раю!
И соловей, услышав нас,
Заводит песню в тот же час.
Поют и все мои друзья ...
Люблю на дачу ездить я!
С.М. Козлов. 2008

Русский лес

Переведите

— Masja sa att du har en ny lägenhet.
— Ja, jag har en stor lägenhet i centrala Moskva.
— Hur många rum har du?
— Det finns ett vardagsrum, två sovrum, ett badrum och ett litet kök.
— Och vilka möbler har du?
— De vanliga möblerna: bord, stolar, bokhyllor, en soffa och två sängar.
— Bor du ensam?
— Nej, jag bor med min bror. Han är mycket upptagen; han arbetar mycket. Men på fritiden spelar han fiol och sjunger. Nu spelar han schack med en vän.
— Har du internet i lägenheten?
— Ja, naturligtvis. Det fungerar bra!

ПЕСНЯ — SÅNG

СТЕПЬ ДА СТЕПЬ КРУГОМ — STÄPP, STÄPP RUNT OMKRING

Степь да степь круго́м,	Stäpp, stäpp runt omkring
Путь далёк лежи́т.	Vägen ligger lång
В той степи́ глухо́й	På denna öde stäpp
Умира́л ямщи́к.	Låg en skjutskarl döende.
И набра́вшись сил,	Och efter att ha samlat sina krafter,
Чу́я сме́рти час,	Anande sin dödsstund
Он това́рищу	Gav han sin kamrat
Отдава́л нака́з.	Ett uppdrag.
Ты, това́рищ мой,	Du, min kamrat,
Не попо́мни зла.	Minns inte det onda.
Здесь в степи́ глухо́й	Här på den öde stäppen
Схорони́ меня́.	Skall du begrava mig.
А жене́ скажи́,	Och säg till min hustru
Что в степи́ замёрз,	Att jag frös ihjäl på stäppen
А любо́вь её	Och hennes kärlek
Я с собо́й унёс.	Tog jag med mig.
Степь да степь круго́м,	Stäpp, stäpp runt omkring
Путь далёк лежи́т.	Vägen ligger lång
В той степи́ глухо́й	På denna öde stäpp
Умира́л ямщи́к.	Låg en skjutskarl döende.

Denna gamla ryska folksång finns inspelad på den ljud-cd som hör till boken. Sången är framförd av Rossica-kören i S:t Petersburg, som även har spelat in dialogerna i denna bok.

AVLYSSNINGSTEXTER

Det här är texterna i dialogerna från den sista praktiska övningen i varje lektion där det finns frågor under rubriken СЛУШАЙТЕ!. Dessa kan du läsa medan du lyssnar eller gå tillbaka till och läsa sedan avlyssningsövningen är avslutad.

1. АЭРОПОРТ

Таможенник:	Ваш паспорт, пожалуйста.
Людмила:	Вот..., пожалуйста.
Таможенник:	А где ваши виза и декларация?
Людмила:	Вот.
Таможенник:	Так.. хорошо. Вы приехали из Англии?
Людмила:	Да.
Таможенник:	С какой целью вы ездили в Англию?
Людмила:	Туризм.
Таможенник:	Какие города вы посетили?
Людмила:	Лондон, конечно. Я там жила. ... Кроме этого: Кембридж, Бирмингем, Манчестер, Виндзор, Ливерпуль...
Таможенник:	Что у вас в багаже?
Людмила:	Одежда, сувениры, фотоаппарат...
Таможенник:	Вот ваш паспорт. Проходите.

2. УЛИЦА

Иван:	Скажите пожалуйста, что это за здание?
Прохожий:	Это музей Пушкина.
Иван:	А метро "Смоленская" отсюда далеко?
Прохожий:	Нет, это близко. Десять минут. А вам куда?
Иван:	Мне нужна улица Веснина, дом десять.
Прохожий:	Да, это близко от метро «Смоленская». Идите прямо, и улица Веснина налево.
Иван:	Спасибо.
Прохожий:	Не за что.

3. СЕМЬЯ

Людмила:	Зоя Петровна, а кто этот Иван?
З. Петровна:	Иван? Мой племянник. Сын моей сестры. Я тоже из Саранска. У меня в Саранске сестра. А Иван её сын.
Людмила:	Правда? Вы из Саранска?! А как зовут вашу сестру?
З. Петровна:	Её зовут Нина... Нина Петровна. Я её очень давно не видела.
Людмила:	Так Иван и Вадим не знакомы?
З. Петровна:	Да, не знакомы.
Людмила:	Как интересно!

4. ГДЕ ВЫ БЫЛИ?

Людмила:	Вадим, как ты думаешь, Иван богатый?
Вадим:	Думаю, миллионер.
Людмила:	Почему ты так думаешь?
Вадим:	Я, конечно, не знаю..., но... Саранск большой город... А как ты думаешь, что он делал в Лондоне? Саранск... Лондон... бизнесмен... да! Думаю, он миллионер!
Людмила:	А ты тоже миллионер?
Вадим:	Ну что ты, Людочка! Ты же меня знаешь. Я не миллионер. Ты лучше скажи мне, где ты жила в Лондоне?
Людмила:	Я жила ... в гостинице... в гостинице Хилтон.
Вадим:	Это далеко от центра?
Людмила:	Это в самом центре. Недалеко от Гайд Парка.

5. ГОСТИНИЦА

М.С.:	Алло!
Иван:	Михаил Сергеевич? Здравствуйте! Это Иван Козлов говорит.
М.С.:	Козлов из Саранска? Вы уже в Москве? Когда прилетели?
Иван:	Сегодня.
М.С.:	Где вы остановились?
Иван:	В гостинице «Марс». Знаете эту гостиницу? Она на Арбате.
М.С.:	Ну, прекрасно! Это недалеко. Так мы вас ждём завтра. У вас адрес есть?
Иван:	Да, адрес есть.
М.С.:	Ну прекрасно! А какой у вас там телефон?
Иван:	Телефон? Сейчас. Запишите. 293 2526.
М.С.:	Хорошо! 293 2526. Записал. До завтра.
Иван:	До завтра.

6. РЕСТОРАН

Вадим:	Вера, что вы хотите на закуску?
Вера:	А что у них есть?
Вадим:	Хотите икру?
Вера:	Нет, спасибо. Икру мне нельзя. У меня от икры аллергия.
Вадим:	А пить что вы хотите?
Вера:	Если можно, красное вино.
Вадим:	Ну, конечно, можно. ... Девушка, принесите, пожалуйста бутылку красного вина, салат, икру и колбасу. Пока всё, а там - посмотрим.
Вера:	А здесь очень неплохо!
Вадим:	Да, ресторан очень хороший, но, к сожалению, очень дорогой.

7. О СЕБЕ

Вера:	Вадим, кто это сидел в ресторане в гостинице «Марс»?
Вадим:	А... это моя очень хорошая знакомая... Её зовут Людмила.
Вера:	Людмила... А это был её муж?
Вадим:	Её муж?! Ха-ха-ха... нет! Это не её муж. Это мой провинциальный родственник – бизнесмен, миллионер из Саранска.
Вера:	Миллионер? Вы серьёзно? Это очень интересно! Расскажите о нём.
Вадим:	Собственно говоря, я его совсем не знаю. Мы познакомились вчера.
Вера:	Ну, тогда познакомьте меня с ним.
Вадим:	Посмотрим...

8. ВРЕМЯ

Иван: Алло! Это театральная касса?
Девушка: Да, что вы хотите?
Иван: Можно заказать билеты в Большой театр?
Девушка: Когда вы хотите пойти?
Иван: У вас есть билеты на завтра?
Девушка: На завтра? Сейчас посмотрю. Да, есть два билета на балет Чайковского «Щелкунчик». Начало в два часа дня. Вам очень повезло!
Иван: В два часа дня? Нет, это не подходит. А на вечер есть билеты?
Девушка: Вечером идёт опера «Снегурочку».
Иван: А билеты есть?
Девушка: Билетов много.
Иван: Когда начинается спектакль?
Девушка: В семь часов.
Иван: Отлично. Мне надо два билета. Моя фамилия Козлов.
Девушка: Хорошо.

9. ТЕАТР

Тамара: Так ты из театра так поздно?! Уже одиннадцать часов!
Людмила: Да. Извини, что я так поздно.
Тамара: Это твой миллионер тебя пригласил в театр? Как его зовут?
Людмила: Иван...
Тамара: Ах, да! Иван Козлов, ты мне говорила. И что вы смотрели?
Людмила: «Снегурочку».
Тамара: Я забыла, это балет или опера?
Людмила: Опера, конечно. Ты «Снегурочку» не смотрела?
Тамара: Не смотрела. Но меня интересует твой миллионер. Когда можно с ним встретиться?
Людмила: Тамара, я не знаю. Он очень занят.

10. ДОМ

Тамара: Алло!
Мужчина: Я звоню по поводу квартиры.
Тамара: Да. Я вас слушаю.
Мужчина: У меня однокомнатная квартира со всеми удобствами.
Тамара: Опишите квартиру.
Мужчина: Большая светлая комната, большой балкон и кухня.
Тамара: Кухня большая?
Мужчина: Не очень.
Тамара: Понятно... А где находится квартира?
Мужчина: В самом центре. На Арбате.
Тамара: На Арбате? Это интересно!
Мужчина: Да. Это очень удобное место.
Тамара: Хорошо. Я подумаю и позвоню вам. Дайте мне ваш телефон.
Мужчина: Меня зовут Василий Николаевич. Мой телефон: 246-89-74.

GRAMMATIKÖVERSIKT

En översikt över grammatiken som används i "Ruslan Ryska 1".

	Se sidan:
Ryskan har tre genus - maskulinum, femininum och neutrum. De kan oftast identifieras genom sin slutbokstav.	21, 35, 99
Ryska har sex kasus. Substantiv böjs efter numerus och kasus. Pronomen och adjektiv böjs efter genus, numerus och kasus.	
Nominativ (grundform) används för subjekt och för predikatsfyllnad i en sats.	
Genitiv används för att ange ägande och efter prepositioner som без, для, до, из, напрóтив, óколо, от, och у. Det används efter uttryck för kvantitet som мнóго och efter нет - "ingen". Genitiv singular av substantiv används efter siffrorna 2, 3, 4, 22, 23, 24, 32, 33, 34 etc. och genitiv plural används efter 5-20, 25-30, 35-40 etc. Vissa verb får också genitiv.	48, 61, 75 139
Dativ används för indirekta objekt och efter к och по.	49, 124
Ackusativ används för direkt objekt i en sats, efter в och на i betydelsen "till", efter спасибо за och i vissa tidsuttryck.	87, 138
Instrumentalis används efter с i betydelsen "med".	138
Lokativ används efter prepositionerna в som betyder "på", "i", efter на - "på" - eller efter о - "om".	60, 99

Fler exempel på hur man använder kasus finns i "Ruslan 2" och "Ruslan 3".

I Ruslan Ryska 1 lär du dig alla dessa kasusformer i singular och ett flertal i plural. Nedanstående tabell ger mera information.

Maskulina substantivändelser

	hårda	-ь	-ж, -ч, -ш, -щ	-ай	
N.	билéт	гость	ключ	трамвáй	S
G.	билéта	гóстя	ключá	трамвáя	I
D.	билéту	гóстю	ключý	трамвáю	N
A.	билéт	гóстя*	ключ	трамвáй	G U
I.	билéтом	гóстем	ключóм	трамвáем	L A
L.	билéте	гóсте	ключé	трамвáе	R
N.	билéты	гóсти	ключи́	трамвáи	P
G.	билéтов	гостéй	ключéй	трамвáев	L
D.	билéтам	гостя́м	ключáм	трамвáям	U R
A.	билéты	гостéй*	ключи́	трамвáи	A
I.	билéтами	гостя́ми	ключáми	трамвáями	L
L.	билéтах	гостя́х	ключáх	трамвáях	

* Levande maskulina substantiv böjs på samma sätt i ackusativ som i genitiv.

Neutrala substantivändelser

	-o	-e	-ие	-мя	
N.	ме́сто	мо́ре	зда́ние	вре́мя	S
G.	ме́ста	мо́ря	зда́ния	вре́мени	I
D.	ме́сту	мо́рю	зда́нию	вре́мени	N
A.	ме́сто	мо́ре	зда́ние	вре́мя	G
I.	ме́стом	мо́рем	зда́нием	вре́менем	U
L.	ме́сте	мо́ре	зда́нии	вре́мени	L A R
N.	места́	моря́	зда́ния	времена́	P
G.	мест	море́й	зда́ний	времён	L
D.	места́м	моря́м	зда́ниям	времена́м	U
A.	места́	моря́	зда́ния	времена́	R
I.	места́ми	моря́ми	зда́ниями	времена́ми	A
L.	места́х	моря́х	зда́ниях	времена́х	L

Feminina substantivändelser

	-a	-га, -ка etc.	-я	-ия	-ь
N.	ви́за	кни́га	неде́ля	деклара́ция	пло́щадь
G.	ви́зы	кни́ги	неде́ли	деклара́ции	пло́щади
D.	ви́зе	кни́ге	неде́ле	деклара́ции	пло́щади
A.	ви́зу	кни́гу	неде́лю	деклара́цию	пло́щадь
I.	ви́зой	кни́гой	неде́лей	деклара́цией	пло́щадью
P.	ви́зе	кни́ге	неде́ле	деклара́ции	пло́щади
N.	ви́зы	де́вушки	неде́ли	деклара́ции	пло́щади
G.	виз	де́вушек	неде́ль	деклара́ций	площаде́й
D.	ви́зам	де́вушкам	неде́лям	деклара́циям	площадя́м
A.	ви́зы	де́вушек*	неде́ли	деклара́ции	пло́щади
I.	ви́зами	де́вушками	неде́лями	деклара́циями	площадя́ми
P.	ви́зах	де́вушках	неде́лях	деклара́циях	площадя́х

* Levande feminina substantiv i plural böjs på samma sätt i ackusativ som i genitiv.

Stavningsregler

1. Bokstaven ы skrivs inte efter г, к, х, ж,ч, ш, eller щ. Den ersätts av и. Genitiv singular av Ната́ша blir därför Ната́ши.
2. Obetonat о skrivs inte efter ж, ч, ц, ш eller щ utan ersätts med е. "Med Natasja" blir därför с Ната́шей.

Undantag

Flera maskulina substantiv har lokativ singular som slutar på -ý eller -ю́.
Flera maskulina substantiv använder ett betonat -á för att bilda plural: города́ - "städer".
цвето́к - "en blomma" - har nominativ plural цветы́ och genitiv plural цвето́в.
стул - "en stol" - har nominativ plural сту́лья och genitiv plural сту́льев.
друг - "en vän" - har nominativ plural друзья́ och genitiv plural друзе́й.
челове́к - "en person" - har nominativ plural лю́ди och genitiv plural люде́й
    men för de siffror som tar genitiv plural använder man челове́к.
мать och дочь har ett infix -ер-. с ма́терью - "med mor".
Många substantiv har ett "flyktigt" о eller е: два дня - "två dagar".
Det förkommer ofta slumpmässig ändring var ordet betonas. Se böjningen av ме́сто / гость.
Ett antal neutrala substantiv av utländsk härkomst böjs inte.

Det finns fler undantag och ovanliga böjningsformer som du kommer att lära dig i "Ruslan Ryska 2".

Personliga pronomen

N.	я	ты	он	она́	мы	вы	они́
G.	меня́	тебя́	его́	её	нас	вас	их
D.	мне	тебе́	ему́	ей	нам	вам	им
A.	меня́	тебя́	его́	её	нас	вас	их
I.	мной	тобо́й	им	ей	на́ми	ва́ми	и́ми
L.	мне	тебе́	нём	ней	нас	вас	них

* Efter prepositioner läggs bokstaven н- till före formerna: его́, её, их etc, och de ändras till него́, неё, них etc. Lokativ föregås alltid av en preposition.

han har - у него́ есть   med henne - с ней   om dem - о них

кто - "vem" och что - "vad"

N.	кто	что	A.	кого́	что	
G.	кого́	чего́	I.	кем	чем	
D.	кому́	чему́	L.	ком	чём	

Adjektiv
Du har hittills bara träffat på dem i nominativ. Se sidorna 87 och 113.

Possessiva pronomen i nominativ
мой / моя́ / моё / мои́   min
твой / твоя́ / твоё / твои́   din
ваш / ва́ша / ва́ше / ва́ши   er
наш / на́ша / на́ше / на́ши   vår

Ryska verb i presens
Verb med e-böjning:

оно́ har samma ändelser som он och она́

знать: я зна́ю, ты зна́ешь, он / она́ зна́ет, мы зна́ем, вы зна́ете, они́ зна́ют
понима́ть: я понима́ю, ты понима́ешь, он / она́ понима́ет, ...
рабо́тать: я рабо́таю, ты рабо́таешь, он / она́ рабо́тает, ...
ду́мать: я ду́маю, ты ду́маешь, он / она́ ду́мает, ...
обе́дать: я обе́даю, ты обе́даешь, он / она́ обе́дает, ...
спра́шивать: я спра́шиваю, ты спра́шиваешь, он / она́ спра́шивает, ...
чита́ть: я чита́ю, ты чита́ешь, он / она́ чита́ет, ...
де́лать: я де́лаю, ты де́лаешь, он / она́ де́лает, ...
приглаша́ть: я приглаша́ю, ты приглаша́ешь, он / она́ приглаша́ет, ...
жить: я живу́, ты живёшь, он / она́ живёт, мы живём, вы живёте, они́ живу́т
ждать: я жду, ты ждёшь, он / она́ ждёт, мы ждём, вы ждёте, они́ ждут
мочь: я могу́, ты мо́жешь, он / она́ мо́жет, мы мо́жем, вы мо́жете, они́ мо́гут

Verb med и-böjning:
говори́ть: я говорю́, ты говори́шь, он / она́ говори́т, мы говори́м, вы говори́те, они́ говоря́т
смотре́ть: я смотрю́, ты смо́тришь, он / она́ смо́трит, мы смо́трим, вы смо́трите, они́ смо́трят

Verb med и-böjning och konsonantförändringar i första person singular
люби́ть: я люблю́, ты лю́бишь, он / она́ лю́бит, мы лю́бим, вы лю́бите, они́ лю́бят
ходи́ть: я хожу́, ты хо́дишь, он / она́ хо́дит, мы хо́дим, вы хо́дите, они́ хо́дят

En blandad konjugering
хоте́ть - я хочу́, ты хо́чешь, он/она́/оно́ хо́чет, мы хоти́м, вы хоти́те, они́ хотя́т

Preteritum
Verben böjs efter subjektet med hänsyn till genus och numerus. Preteritum, som uttrycker förfluten tid, bildas genom att man ersätter infinitivändelsen -ть med:
- -л (maskulinum)   -ло (neutrum)
- -ла (femininum)   -ли (plural)

Några typiska konjugeringar:
знать: я знал / зна́ла, ты знал / зна́ла, он знал, она́ зна́ла, оно́ зна́ло
         мы / вы / они́ зна́ли
ждать: я ждал / ждала́, ты ждал / ждала́, он ждал, она́ ждала́, оно́ ждало́,
         мы / вы / они́ жда́ли
быть: я был / была́, ты был / была́, он был, она́ была́, оно́ бы́ло,
         мы / вы / они́ бы́ли

Reflexiva verb har ändelsen -ся (eller -сь efter vokal). Se sidan 124.

Verbaspekter
Ryskan har två verbtyper eller "aspekter", imperfektiv och perfektiv aspekt. Verb som du har använt för att uttrycka presens - t ex говори́ть, знать, рабо́тать, смотре́ть - har alla varit i imperfektiv aspekt.

Du har också lärt dig flera verb i perfektiv aspekt i infinitiv.
Till exempel: заказа́ть   att beställa
                 останови́ться   att stanna, att stanna över

De perfektiva formerna betecknar enstaka handlingar. Försök inte att använda dem för att bilda presens. I "Ruslan Ryska 2" förklaras detta mera fullständigt och du får lära dig hur den perfektiva aspekten används för att uttrycka preteritum och futurum.

Imperativformer
Detta är en lista på imperativer i "Ruslan Ryska 1" . De står i den artiga formen вы .
Иди́те!   Gå!   Дава́йте!   Låt oss ...!
Откро́йте!   Öppna!   Проходи́те! Gå igenom! / Kom in!
Извини́те!   Ursäkta!   Скажи́те!   Säg (mig / oss)!
Чита́йте!   Läs!   Слу́шайте! Lyssna!
Найди́те!   Finn!   Принеси́те! Kom med ...! / Ge (mig / oss) ... !

När man använder ты, ska man ta bort -те från imperativändelsen:
    Вади́м, проходи́ скоре́е!   Vadim, skynda dig och kom in!

Иди́те пря́мо!

RYSKT UTTAL

131

Bokstaven е, uttalas vanligen som "je" i "Jesper" i början av ett ord eller efter en vokal eller ett mjukt tecken. Till exempel: ел, éвро, поéл, здорóвье.
Efter konsonant uttalas den en aning mindre mjukt, till exempel: дéлал, пел, бéлый.
Obetonad uttalas den vanligen som ett svagt и. Till exempel: óпера.

Bokstaven ё är alltid betonad. Den låter som "yo" in "yoghurt": ёлка, полёт, пьёт.

Bokstaven ю, låter som "jo" i början av ett ord eller efter en vokal: ю́мор, каю́та.
Efter en konsonant är den lite mindre mjuk: клю́ква, костю́м.

Bokstaven я, låter som "ja" i "jacka" i början av ett ord eller efter en vokal:
я́хта, мая́к.
Om я är betonat i andra positioner, uttalas det en aning mindre mjukt: мяч, пя́тка.
När bokstaven är obetonad mellan två konsonanter, kan я låta som ett svagt и:
в сентябрé.

Bokstaven о uttalas fullt ut när den är betonad: винó
När о är i stavelsen före eller efter betoningen, låter det lite mer som ett svagt **а**: откры́т
När bokstaven är två stavelser bort från betoningen kan den låta ännu svagare, som det första **о**:et i хорошó

Vokaler i lånade ord följer inte alltid reglerna.
кафé, мéтод, клиéнт har hårda е.
при́нтер, компью́тер har ett obetonat е som inte reduceras till ett svagt и.
рáдио har ett obetonat о som ändå uttalas fullt ut.

Uttal av konsonanter
Före е, ё, и, ю, я och ь uttalas konsonanterna б, в, д, з, к, л, м, н, р, с, т, ф, х och ш mjukare: тётя, мир, Лéна.
Före э, о, ы, у och а blir de dock inte påverkade utan förblir hårda: Тамáра, сыр.
ж, ш, ц är alltid hårda. Efter dessa bokstäver låter и som ы, е som э och mjuktecken ignoreras: жить, центр, игрáешь.
ч och щ är alltid mjuka. Efter ч och щ låter а som я och у som ю: чáшка, щýка.

Tonande och tonlösa konsonanter
д, г, в, з, ж, б är tonande (stämbanden vibrerar)
т, к, ф, с, ш, п är tonlösa (stämbanden vibrerar inte)
Varje tonande konsonant har en tonlös motsvarighet:
д / т, г / к, в / ф, з / с, ж / ш, б / п

Tonande konsonanter i slutet av ett ord uttalas tonlöst.
    шоколáд uttalas [шоколáт]   Чéхов uttalas [Чéхоф]
    друг uttalas [друк]   гарáж uttalas [гарáш]

När tonande och tonlösa konsonanter är bredvid varandra bestämmer den andra konsonanten hur den första ska uttalas.
Om den andra konsonanten är tonande blir den första också tonande:
    футбóл uttalas [фудбóл]
Om den andra konsonanten är tonlös uttalas den första också tonlöst.
    в клýбе uttalas [ф клýбе]   вóдка uttalas [вóтка]

RYSK INTERPUNKTION

Rysk interpunktion har mycket gemensamt med svensk interpunktion. Lägg märke till följande:

Komma används efter да och нет, samt efter tilltalsord och interjektioner.
Да, ты прав. Ja, du har rätt.
Привéт, Сергéй! Hej Sergej!

Komma används mellan en huvudsats och en bisats.
Он говорит, что ты здесь. Han säger att du är här.

Komma används efter ord som пожáлуйста, конéчно, напримéр, кáжется, мóжет быть.
Мóжет быть, это Елéна. Det är kanske Elena.

Tankstreck kan användas för att ersätta verbformen "är".
Ивáн – бизнесмéн. Ivan är en affärsman.
Москóвское врéмя – двенáдцать часóв. Moskvatiden är 12.00.

Tankstreck behövs inte när subjektet är ett pronomen.
Я бизнесмéн. Jag är affärsman.

Tankstreck används för att ersätta ett verb eller något som är underförstått.
Я игрáю на гитáре, а ты – на пианино.
Jag spelar gitarr och du spelar piano.
Сарáтов на Вóлге, а Сарáнск – нет.
Saratov ligger vid Volga men Saransk gör det inte.

Tal indikeras vanligen med tankstreck.
– Нет, – говорит Игорь. – Не мóжет быть.
– Nej, säger Igor. Så kan det inte vara.

Citationstecken («») kan också användas för tal, men de används främst för filmtitlar, boktitlat, citat etc.
Вы смотрéли фильм «Баллáда о солдáте»?
Har ni sett filmen "Ballad om en soldat"?

SVENSK-RYSK ORDLISTA

Detta är en svensk-rysk ordlista som innehåller alla ord i "Ruslan Ryska 1".
Om ett ord har flera betydelser på svenska, används den betydelse som finns i boken.
När båda verbaspekterna ges, står imperfektivet först.

Svenska	Ryska
adress	áдрес
advokat	юри́ст
affär	магази́н, де́ло
affärer	би́знес
affärsman	бизнесме́н
affärsresa	командиро́вка
akt	акт
aktör	актёр
alla	все
allergi	аллерги́я
allmän telefon	таксофо́н
allt	всё
allt är i sin ordning	всё в поря́дке
alltid	всегда́
Amerika	Аме́рика
amerikan	америка́нец
amerikanska	америка́нка
amerikansk	америка́нский
analytiker	анали́тик
ananas	анана́с
andra	второ́й
anekdot, vits	анекдо́т
angenämt	прия́тно
ankomst	прибы́тие
ankomst (med transport)	прие́зд
med anledning av	по по́воду
anmärkning	заме́тка
antagligen	наве́рно
apelsin	апельси́н
aperitif	аперити́ф
april	апре́ль
arabisk	ара́бский
arbete	рабо́та
(kropps-)arbete	труд
att arbeta	рабо́тать / порабо́тать
argument	аргуме́нт
aritmetik	арифме́тика
arton	восемна́дцать
Askungen	Зо́лушка
aspirin	аспири́н
augusti	а́вгуст
av	от (+ gen.)
att avsluta	зако́нчить (perf.)
aveny	проспе́кт
avgång	отправле́ние
badrum	ва́нная
bagage	бага́ж
bagageutlämning	вы́дача багажа́
balalajka	балала́йка
balett	бале́т
balkong	балко́н
banan	бана́н
bank	банк
bar	бар
bara	то́лько
barn (sing.)	ребёнок
barn (pl.)	де́ти
barn-	де́тский
baseboll	бейсбо́л
basket	баскетбо́л
att be om	проси́ть / попроси́ть
att befinna sig	находи́ться
begravd	похоро́нен
att behaga	нра́виться / понра́виться
Det behövs inte!	Не на́до!
bekant	знако́м
bekväm	удо́бный
bekvämlighet	удо́бство
Belgien	Бе́льгия
bensin	бензи́н
berg	гора́
att berätta	рассказа́ть (perf.)
berömd	изве́стный
att betala	плати́ть / заплати́ть опла́чивать (imp.)
betalning	опла́та
det betyder	зна́чит
biff Stroganoff	бефстро́ганов
bild	карти́на
biljett	биле́т
bio	кино́
biograf	кинотеа́тр
björn	медве́дь (m.)
blankett	бланк
blus	блу́зка
bok	кни́га
bok-	кни́жный
att boka, att beställa	зака́зывать / заказа́ть
bokstav	бу́ква
bord	стол
botanisk	ботани́ческий
bra	хорошо́
brasiliansk	брази́льский
bredvid	ря́дом с (+ instr.)
brev	письмо́
brevbärare	почтальо́н
brittisk	брита́нский
bro	мост

bror	брат	dit, ditåt	туда́
brorsdotter, systerdotter		doktor (titel)	до́ктор
	племя́нница	dokument	докуме́нт
brorson, systerson	племя́нник	dollar	до́ллар
brunn	коло́дец	domino	домино́
bröd	хлеб	dotter	дочь
budget	бюдже́т	dotterdotter, sondotter	
buss	авто́бус		вну́чка
by	дере́вня	dotterson, sonson	внук
byggnad	зда́ние	dragspel	аккордео́н, гармо́нь
att bygga	стро́ить / постро́ить	drog, narkotika	нарко́тик
bär (subst.)	я́года	drycker	напи́тки
bättre	лу́чше	du	ты
början	нача́ло	duktig pojke / flicka	молоде́ц
att börja	начина́ться / нача́ться	dusch	душ
		dyr	дорого́й
		då	тогда́
CD-skiva	компа́кт-ди́ск	dålig	плохо́й
cello	виолонче́ль	dåligt	пло́хо
cement	цеме́нт	där	там
central	центра́льный	därför att	потому́ что
centrum	центр		
certifikat	сертифика́т	e-post	электро́нная по́чта
champagne	шампа́нское	effekt	эффе́кт
champion	чемпио́н	efternamn	фами́лия
chaufför	шофёр	efter	по́сле (+ gen.)
choklad	шокола́д	min egen; hans egen etc.	
cirkus	цирк		свой
citron	лимо́н	Egypten	Еги́пет
citron-	лимо́нный	ekonom	экономи́ст
clown	кло́ун	ekonomi	хозя́йство, эконо́мика
cykel	велосипе́д	elektricitet	электри́чество
		eller	и́ли
dag	день	eller hur?	пра́вда?
Det är dags ...	Пора́ ...	elva	оди́ннадцать
dagis	де́тский сад	en annan	друго́й
Danmark	Да́ния	en dröm (om framtiden)	мечта́
dativ	да́тельный	en georgier / -iska	грузи́н / -ка
dator	компью́тер	engelsman / engelska	англича́нин / -ка
datum	да́та; число́	på engelska	по-англи́йски
december	дека́брь	England	А́нглия
degknyten	пельме́ни	enhet	еди́нство
demonstration	ми́тинг, демонстра́ция	enrums-	однокомнатный
		ensam	оди́н
den, det	оно́	er (poss pron)	ваш
deras	их	er (objekt)	вас
dessert	десе́рт	ett	оди́н
det	э́то	klockan ett	час
dialog	диало́г	etthundra	сто
dikt	стихотворе́ние	euro (sing. och pl.)	е́вро
diktatur	диктату́ра	Europa	Евро́па
din	твой	till exempel	наприме́р
dirigent	дирижёр	exkursion	экску́рсия
att diskutera	обсужда́ть / обсуди́ть	expert	экспе́рт
		express	экспре́сс

fadersnamn	о́тчество	från	с (+ gen.) / от (+ gen.) / из (+ gen.)
faktum	факт	att fylla i	запо́лнить (perf.)
familj	семья́	fyra	четы́ре
fantastiskt, underbart	прекра́сно	fyrtio	со́рок
far	оте́ц	fåtölj	кре́сло
farbror, morbror	дя́дя	färg-	цветно́й
farfar, morfar	де́душка / дед	födelse	рожде́ние
farmor, mormor	ба́бушка	födelsedag	день рожде́ния
fax	факс	att följa	сле́довать (imp.)
februari	февра́ль	fönster	окно́
fem	пять	för	для (+ gen.)
femtio	пятьдеся́т	förbipasserande	прохо́жий / прохо́жая
femton	пятна́дцать		
filmkritiker	кинокри́тик	att förstå	поннима́ть / поня́ть
att finna	находи́ть / найти́	för länge sedan	давно́
det finns	есть	förare	шофёр
fiol	скри́пка	före detta	бы́вший
firma	фи́рма	föreställning	спекта́кль (m.)
fisk	ры́ба	Förlåt!	Прости́те!
att fiska	лови́ть ры́бу (imp.)	förrätt	заку́ска
fjorton	четы́рнадцать	först	пе́рвый; снача́ла
flagga	флаг	första hjälpen-plats	медпу́нкт
flaska	буты́лка	första raden	бельэта́ж
flicka	де́вочка / де́вушка	förvaring (under golvet)	по́греб
flod	река́		
flod-	речно́й	gammal	ста́рый
flygankomst	прилёт	ganska	дово́льно
flygbolag	авиакомпа́ния	gas	газ
flygel	роя́ль (m.)	gata	у́лица
flygplan	самолёт	att ge	дава́ть / дать
flygplats	аэропо́рт	Ge (mig / oss) … !	Да́йте!
flygresa	рейс	generator	генера́тор
flygvärdinna	стюарде́сса	Georgien	Гру́зия
flöjt	фле́йта	georgisk	грузи́нский
foajé	фойе́	att gifta sig (om kvinnan)	вы́йти / выходи́ть за́муж (perf.)
folk	наро́д		
folk-	наро́дный	att gifta sig (om man)	жени́ться (imp. och perf.)
fortsättning	продолже́ние	att gifta sig (om par)	жени́ться / пожени́ться
fosterland	оте́чество	gitarr	гита́ра
fotboll	футбо́л	gitarrist	гитари́ст
fotbollsspelare	футболи́ст	glad	рад
fotografi	фотогра́фия	glass	моро́женое
till fots	пешко́м	att glömma	забыва́ть / забы́ть
framsteg	достиже́ние	god	вку́сный
Frankrike	Фра́нция	God dag!	Здра́вствуйте!
fransk	францу́зский	God kväll!	До́брый ве́чер!
fredag	пя́тница	God morgon!	До́брое у́тро!
frost	моро́з	God natt!	Споко́йной но́чи!
frukost	за́втрак	god, bra	хоро́ший
frukt	фрукт	golf	гольф
frukt-	фрукто́вый	gram	грамм
fråga	вопро́с	Grekland	Гре́ция
att fråga	спра́шивать / спроси́ть	grivna (Ukrainsk valuta)	гри́вна
frågeformulär	анке́та	gränd	переу́лок

Svenska	Ryska
grönsak	óвощ
att gå	идти́
att gå (regelbundet)	ходи́ть
Gå!	Иди́те!
gång	раз
gäst	гость (m.)
att göra	де́лать / сде́лать
hall	прихо́жая
Hallå! (i telefon)	Алло́!
han, den, det	он
hans	его́
havregrynsgröt	овся́нка
Hej!	Приве́т!
helg	пра́здник
helig	свято́й
helgon	свято́й
helt	совсе́м
(att gå) hem	домо́й
(att vara) hemma	до́ма
hemlig	секре́тный
hemlighet	секре́т
henne	её
hennes	её
het (om mat)	горя́чий
hiss	лифт
hjälp	по́мощь (f.)
Holland	Голла́ндия
holländsk	голла́ндский
hon, den, det	она́
honom	его́
hos er	у вас
hotell	гости́ница
hotellrum	но́мер
humor	ю́мор
hur	как
hur mycket	ско́лько
Hur är det?	Как дела́?
hurdan, vilken	како́й
hus	дом
hustru	жена́
huvud-	гла́вный
huvudstad	столи́ца
hylla (subst)	по́лка
hälsning	приве́т
att hämta	приноси́ть / принести́
här	здесь
här är, där är	вот
härifrån	отсю́да
till höger	напра́во / спра́ва
att höra	слы́шать
hörs	слы́шно
i	в (+ lok.)
idag	сего́дня
idé	иде́я
igår	вчера́
ikon	ико́на
imperativ	императи́в
att inbjuda	приглаша́ть / пригласи́ть
incheckning	регистра́ция
industri-	индустриа́льный
infinitiv	инфинити́в
inflation	инфля́ция
information	информа́ция
ingenjör	инжене́р
ingenting	ничего́
initiativ	инициати́ва
innehåll	содержа́ние
instrument	инструме́нт
inte	не
inte långt borta	недалеко́
inte tillåtet	нельзя́
internationell	междунаро́дный
internet	Интерне́т
intressant	интере́сный
det är intressant	интере́сно
Irland	Ирла́ндия
ishockey	хокке́й
Italien	Ита́лия
italiensk	италья́нский
ja	да
Ja! (mycket bestämt)	Да-да!
jag	я
jag har ...	у меня́ ...
Jag heter ...	Меня́ зову́т ...
jaha!	ну!
januari	янва́рь
Japan	Япо́ния
japansk	япо́нский
Jaså!	Вот как!
jord, jorden	земля́
journalist	журнали́ст / -ка
juice	сок
jul	Рождество́
julgran	ёлка
juli	ию́ль
Jultomten	Дед Моро́з
juni	ию́нь
järnvägs-	железнодоро́жный
kackerlacka	тарака́н
kaffe	ко́фе (m. / n.)
kafé	кафе́, буфе́т
kall	холо́дный
kamera	фотоаппара́т
kamin	ками́н

kanal	кана́л	att kunna	мочь
kanske	мо́жет быть	kurs	курс
karta	ка́рта, план	kvalifikation	квалифика́ция
kaskad	каска́д	kvinno-	же́нский
kassa	ка́сса	kväll	ве́чер
kassaskåp	сейф	på kvällen	ве́чером
katedral	собо́р	kvällsmat	у́жин
kategori	катего́рия	kyckling	цыплёнок
kaviar	икра́	kylskåp	холоди́льник
kilometer	киломе́тр	kypare	официа́нт
Kina	Кита́й	kyrkogård	кла́дбище
kinesisk	кита́йский	kålsoppa	щи
kiosk	кио́ск	kälke	са́нки
klarinett	кларне́т	källare	подва́л
klassisk	класси́ческий	kärlek	любо́вь (f.)
Hur mycket är klockan?	Кото́рый час?	kök	ку́хня
		köksträdgård	огоро́д
kloster	монасты́рь (m.)	att köpa	покупа́ть / купи́ть
klubb	клуб	kör	хор
kläder	оде́жда	kött- eller fisksoppa	соля́нка
kollega	колле́га		
Kom in!	Проходи́те!	lampa	ла́мпа
Kom med ... !	Принеси́те!	land	страна́
att komma tillbaka	возвраща́ться / верну́ться	landsbygd	дере́вня
		laptop	лэптоп
att komma (resande)	прие́хать (perf.)	lax	лосо́сь (m.)
kommentar	коммента́рий	att le	улыба́ться
kommitté	комите́т	ledig dag	выходно́й день
konjak	конья́к	ledig, fri	свобо́дный
konst-, konstnärlig	худо́жественный	att leva, bo	жить (imp.)
konsulent	консульта́нт	lite grann	немно́жко
kontor	бюро́	lite, inte mycket	ма́ло
kontor	о́фис	litet bord	сто́лик
kontrabas	контраба́с	liv	жизнь (f.)
kontroll	контро́ль (m.)	ljus	све́тлый
kopieringsapparat	ксе́рокс	loge (på teatern)	ло́жа
Korea	Коре́я	lunch, middag	обе́д
korrekt, riktig	пра́вильный	att lyssna på	слу́шать / послу́шать
korridor	коридо́р	långt borta	далеко́
kort (subst)	ка́рточка	Låt oss!	Дава́йте
korv	колбаса́	Låt oss gå!	Пойдёмте!
kosmonaut	космона́вт	lägenhet	кварти́ра
att kosta	сто́ить (imp.)	läkare	врач
Hur mycket kostar det?	Ско́лько сто́ит?	länge	до́лго
		längs	по (+ dat.)
kostnadsfri	беспла́тный	lärare	учи́тель
kredit-	креди́тный	läsning	чте́ние
kreml	кремль (m.)	att läsa	чита́ть / прочита́ть
kris	кри́зис	det är lätt	легко́
kriterium	крите́рий	lördag	суббо́та
kryssare	кре́йсер		
Kuba	Ку́ба	maj	май
kultur-, kulturell	культу́рный	make	муж
kund; klient	клие́нт	man	мужчи́на
kung	коро́ль (m.)	manager	ме́неджер

margarin	маргари́н	namn	и́мя
marknad	ры́нок	namn (på städer etc.)	назва́ние
mars	март	nationell	национа́льный
matvaror	проду́кты	natur-, naturlig	натура́льный
maträtt	блю́до	naturligtvis	коне́чно
matsal	столо́вая	på nedervåningen	внизу́
matta	ковёр	nej	нет
mausoleum	мавзоле́й	Nej! (mycket bestämt)	Нет-нет!
med	с (+ instr.)	ner	вниз
medan	пока́	nere	внизу́
medborgare	граждани́н / -а́нка	ni	вы
medborgarskap	гражда́нство	ni har	у вас ...
mediaspelare	ме́диа-пле́ер	Ni heter ...	Вас зову́т ...
memorandum	мемора́ндум	nittio	девяно́сто
men	но, а	nitton	девятна́дцать
mening	предложе́ние	noll	ноль
meny	меню́	nota	счёт
metod	ме́тод	notebook (dator)	ноутбу́к
mig	меня́	november	ноя́брь
mikrofon	микрофо́н	nu	тепе́рь, сейча́с
millionär	миллионе́р	nummer	но́мер, число́
min	мой	nuvarande	настоя́щий
mineral-	минера́льный	ny	но́вый
miniräknare	калькуля́тор	nyckel	ключ
att minnas	по́мнить	näktergal	солове́й
minus	ми́нус	när	когда́
mitt emot	напро́тив	nära	бли́зко
mjölk	молоко́	närliggande	ря́дом
mobil	моби́льный	nästan	почти́
mobiltelefon	моби́льник	nödvändig	ну́жен
mobiltelefon	со́товый телефо́н	nöje	удово́льствие
modell	моде́ль (f.)	Nötknäpparen	Щелку́нчик
mor	мать		
morbror, farbror	дя́дя	oberoende	незави́симость (f.)
morfar, farfar	де́душка / дед	objekt	объе́кт
mormor, farmor	ба́бушка	och	и, а
morgon	у́тро	också	та́кже, то́же
på morgonen	у́тром	officer	офице́р
Moskva-	моско́вский	ofta	ча́сто
moster, faster	тётя	Okej!	Ла́дно!
motorcykel	мотоци́кл	oktober	октя́брь
museum	музе́й	olja	нефть (f.), ма́сло
musik	му́зыка	om	е́сли; о (+ lok.)
musikal	музыка́льный	onsdag	среда́
musiker	музыка́нт	opera	о́пера
mycket	мно́го; о́чень	optimist	оптими́ст
månad	ме́сяц	ord	сло́во
måndag	понеде́льник	ordlista	слова́рь
måne	луна́	ordning	поря́док
människa	челове́к	organisation	организа́ция
möbler	ме́бель (f.)	orgel	орга́н
möjligt	мо́жно	orkester	орке́стр
mössa	ша́пка	ost	сыр
möte	встре́ча		
		palats	дворе́ц

pannbiffar	котле́ты	rakt fram	пря́мо
pannkaka	блин	receptionist	администра́тор
paradis	рай	redan	уже́
parfymeri	парфюме́рия	registrering	регистра́ция
park	парк	reparation	ремо́нт
parkett	парте́р	reporter	репортёр
parterrloge	бенуа́р	restaurang	рестора́н
partner	партнёр	resväska	чемода́н
pass	па́спорт	revolution	револю́ция
pass-	па́спортный	rik	бога́тый
passagerare	пассажи́р	att ringa	звони́ть / позвони́ть
passerkort	про́пуск	roll	роль (f.)
paus	антра́кт, переры́в	Rom	Рим
pengar	де́ньги	romantiskt	романти́чно
perestrojka	перестро́йка	rubel	рубль (m.)
period	пери́од	rulltrappa	эскала́тор
personlig, intim	инти́мный	rum	ко́мната
piano	пиани́но	rupie	ру́пия
pirog	пиро́г	ryggsäck	рюкза́к
pjäs	пье́са	rymden	ко́смос
planet	плане́та	rysk	ру́сский
plats	ме́сто	på ryska	по-ру́сски
plus	плюс	Ryssland	Росси́я
Polen	По́льша	ryssländsk	росси́йский
polis	поли́ция	rätt	прав
politisk	полити́ческий	röd	кра́сный
pollett	жето́н	rödbetssoppa	борщ
polsk	по́льский	att röka	кури́ть (imp.)
port	воро́та (plural)		
portfölj	портфе́ль (m.)	sak	вещь (f.), де́ло
Portugal	Португа́лия	sal	зал
postkontor	по́чта	sallad	сала́т
postnummer	почто́вый и́ндекс	att samlas	собира́ться /
potatis	карто́фель (m.) /		собра́ться
	карто́шка (informell)	samovar	самова́р
praktik	пра́ктика	sanning	пра́вда
Pravda (tidning)	Пра́вда	saxofon	саксофо́н
present	пода́рок	schack	ша́хматы
president	президе́нт	Schweiz	Швейца́рия
problem	пробле́ма	att se	ви́деть
procent	проце́нт	sedan	пото́м
professionell	профессиона́льный	seger	побе́да
professor	профе́ссор	sekreterare	секрета́рь (m.)
program	програ́мма	seminarium	семина́р
programmerare	программи́ст	det är sent	по́здно
projekt	прое́кт	september	сентя́брь
provinsiell	провинциа́льный	servitris	официа́нтка
pund	фунт	servitör	официа́нт
på	на (+ lok.) , в (+ lok.)	sex	шесть
	по (+ dat.)	sextio	шестьдеся́т
På återseende!	До свида́ния!	sexton	шестна́дцать
		Sibirien	Сиби́рь (f.)
rad	ряд	sibirisk	сиби́рский
rad (på teatern)	я́рус	sida	страни́ца
radio	ра́дио	siffra	ци́фра

sill	селёдка	sport	спорт
att simma	плáвать (imp.)	att springa	бéгать (imp.)
att sitta	сидéть (imp.)	spårvagn	трамвáй
sju	семь	stad	гóрод
sjukhus	больнúца	stadion	стадиóн
sjuksköterska	медсестрá (f.)	att stanna	остановúться (perf.)
	медбрáт (m.)	att starta	заводúть (imp.)
sjuttio	сéмьдесят	station	стáнция
sjutton	семнáдцать	järnvägsstation	вокзáл
självporträtt	автопортрéт	statlig	госудáрственный
sjö	óзеро	status	стáтус
skala	масштáб	stekt	жáреный
att skicka	посылáть / послáть	stol	стул
skidor	лы́жи	stolar	стýлья
skjul	сарáй	stor	большóй
skog	лес	strand	бéрег
skola	шкóла	student	студéнт / -ка
Skottland	Шотлáндия	stuga	дáча
skriv-	пи́сьменный	stycke	штýка
att skriva upp	записáть (perf.)	stängd	закры́т
skrivare	при́нтер	störfisk	осетрúна
skrivet	напи́сано	stövel	сапог
skylt	нáдпись (f.)	svar	отвéт
Skynda dig!	Скорéе!	svart	чёрный
skäl	цель (fem.)	svensk (adj.)	швéдский
att sluta	кончáться /	svensk / svenska	швед / -ка
	кóнчиться	Sverige	Швéция
slut	конéц	syfte	цель (fem.)
släkting	рóдственник /	sylt	варéнье
	рóдственница	system	систéма
Smaklig måltid!	Приятного	syster	сестрá
	аппетúта!	systerdotter; brorsdotter	
smartphone	смартфóн		племя́нница
smör	мáсло	systerson; brorson	племя́нник
snabbare	скорéе	så	так
snö	снег	Så synd!	Как жаль!
soffa	дивáн	sås	сóус
solist	солúст	att säga	говорúть / сказáть
sommar	лéто	Säg!	Скажи́те!
sommarstuga	дáча	att sända	посылáть
att sova	спать	Sätt er!	Сади́тесь!
son	сын	att sätta in	встáвить (perf.)
sondotter, dotterdotter		söndag	воскресéнье
	внýчка	söt	слáдкий
sonson, dotterson	внук		
soppa	суп	att ta emot	принимáть / приня́ть
souvenir	сувенúр	tack	спасúбо
sovjetisk	совéтский	att tacka	благодарúть /
sovrum	спáльня		поблагодарúть
Spanien	Испáния	att tala	говорúть / поговорúть
spansk	испáнский	tambur	прихóжая
att spela	игрáть / поигрáть	taxi	таксú
specialist	специалúст	taxichaufför	таксúст
spis	печь (f.)	taxistation	стоя́нка таксú
sponsor	спóнсор	te	чай

Ruslan 1. Svensk-Rysk ordlista

teater	теа́тр	tunnelbana	метро́
teaterprogram	програ́ммка	jag hade tur	мне повезло́
tecknad film	мультфи́льм	turism	тури́зм
teknologi	техноло́гия	turist	тури́ст / -ка
telefon	телефо́н	turkmenisk	туркме́нский
telegrafstation	телегра́ф	tv-apparat	телеви́зор
telex	те́лекс	tv-torn	телеба́шня
tempel	храм	tvärgata	переу́лок
tennis	те́ннис	två	два
terminal	термина́л	att tycka	ду́мать / поду́мать
terminologi	терминоло́гия	typ, sort	вид
text	текст	typisk	типи́чный
tid	вре́мя	en tysk / en tyska	не́мец / не́мка
tidigare	ра́ньше	tysk	неме́цкий
tidigt	ра́но	Tyskland	Герма́ния
tidning	газе́та	tyvärr	к сожале́нию
tidskrift	журна́л	tåg	по́езд
tidszon	часово́й по́яс	att tänka	ду́мать / поду́мать
till	до (+ gen.) / на (+ akk.) / в (+ akk.) / к (+ dat.)		
till och med	да́же	Ukraina	Украи́на
tillbaka	наза́д	ukrainare / -ska	украи́нец / -ка
tillsammans	вме́сте	ukrainsk	украи́нский
timme	час	underskrift	по́дпись (f.)
tio	де́сять	ung	молодо́й
tisdag	вто́рник	universell	универса́льный
att titta på	смотре́ть / посмотре́ть	universitet	университе́т
tjugo	два́дцать	upp	наве́рх
toalett	туале́т	uppe	наверху́
tolv	двена́дцать	uppmärksamhet	внима́ние
tomat	помидо́р	upptagen	за́нят
tomat-	тома́тный	ur	из (+ gen.)
torg	пло́щадь (f.)	Ursäkta mig!	Извини́те!
torsdag	четве́рг	USA	США
traditionell	традицио́нный	ut	из (+ gen.)
traktorförare	тракори́ст	utbyte	обме́н
transit	транзи́т	utgång	вы́ход
transport	перево́зка	utlänning	иностра́нец / -ка
tre	три	utmärkt!	отли́чно!
trehundra	три́ста	utomhus	на у́лице
trettio	три́дцать	utställning	вы́ставка
tretton	трина́дцать		
trevligt	прия́тно	vacker	краси́вый
trombon	тромбо́н	vad	что
trumma	бараба́н	Vad är ...?	Что тако́е ...?
trumpet	труба́	vakthavande	дежу́рная
trådbuss	тролле́йбус	vals	вальс
trä-	деревя́нный	valuta	валю́та
trädgård	сад	vanlig	обы́чный
att träffas	встре́титься	var	где
trött	уста́л	att vara	быть
tsar	царь	vardagsrum	гости́ная
tull	тамо́жня	varför	почему́
tulldeklaration	деклара́ция	varje	ка́ждый
tulltjänsteman	тамо́женник	Varsågod!	Пожа́луйста!
		vart	куда́

vatten	вода́	år	год
vecka	неде́ля	åtta	во́семь
vegetarian	вегетариа́нец / -ка	åttio	во́семьдесят
vem	кто		
veranda	вера́нда	att älska	люби́ть / полюби́ть
verb	глаго́л		
det verkar	ка́жется	Äntligen!	Наконе́ц!
verkligen	действи́тельно	ännu	ещё
att veta	знать / узна́ть	äpple	я́блоко
att få veta	узна́ть (perf.)	att äta kvällsmat	у́жинать / поу́жинать
vi	мы		
Vi ses!	Пока́!	att äta lunch, middag	обе́дать / пообе́дать
videokamera	ви́деока́мера, камко́рдер	även	да́же
att vila	отдыха́ть (imp.)		
villa	котте́дж	Ett ögonblick!	Мину́точку!
att vilja (ha)	хоте́ть (imp.)	öl	пи́во
vin	вино́	öppen	откры́т
vind (i huset)	черда́к	forell, öring	форе́ль (m.)
visitkort	визи́тка	Östersjön	Ба́лтика
visum	ви́за	överallt	везде́
vit	бе́лый	övergång	перехо́д
vodka	во́дка	överraskning	сюрпри́з
volleyboll	волейбо́л	översättning	перево́д
våning	эта́ж	på övervåningen	наверху́
vår (subst)	весна́	övning	упражне́ние
vår (poss pron)	наш		
vårdcentral	поликли́ника		
vägg	стена́		
att välja	выбира́ть / вы́брать		
välkänd	изве́стный		
vän	друг		
väninna	подру́га		
vänner	друзья́		
att vänta	ждать / подожда́ть		
vänster-	ле́вый		
till vänster	нале́во / сле́ва		
väska	су́мка		
väst-, västlig	за́падный		
Warszawa	Варша́ва		
webbkamera	веб-ка́мера		
yen	ие́на		
yoghurt	йо́гурт		
yrke	профе́ссия		
yrkes-	профессиона́льный		
ytterligare	ещё		
yuan (kinesisk valuta)	юа́нь		
zebra	зе́бра		
zoo	зоопа́рк		
att åka	е́хать / пое́хать		
att åka (regelbundet)	е́здить		

RYSK-SVENSK ORDLISTA

Detta är en rysk-svensk ordlista som innehåller alla ord i "Ruslan Ryska 1".
Om ett ord har flera betydelser på svenska, används den betydelse som finns i boken.

а	och; men	бе́рег	strand
а́вгуст	augusti	беспла́тный	kostnadsfri
авиакомпа́ния	flygbolag	бефстро́ганов	biff Stroganoff
авто́бус	buss	би́знес	affärer
автопортре́т	självporträtt	бизнесме́н	affärsman
а́дрес	adress	биле́т	biljett
администра́тор	receptionist	благодари́ть (imp.)	att tacka
аккордео́н	dragspel	бланк	blankett
акт	akt	бли́зко	nära
актёр	aktör	блин	pannkaka
аллерги́я	allergi	блу́зка	blus
Алло́!	Hallå! (i telefon)	блю́до	maträtt
Аме́рика	Amerika	бога́тый	rik
америка́нец / -ка	amerikan / amerikanska	большо́й	stor
		больни́ца	sjukhus
америка́нский	amerikansk	борщ	rödbetssoppa
анали́тик	analytiker	ботани́ческий	botanisk
анана́с	ananas	брази́льский	brasiliansk
англича́нин / -ка	engelsman / engelska	брат	bror
		брита́нский	brittisk
А́нглия	England	бу́ква	bokstav
анекдо́т	anekdot, vits	бу́ду, бу́дет etc.	jag kommer att vara etc.
анке́та	frågeformulär	буты́лка	flaska
антра́кт	paus	буфе́т	ett litet kafé
апельси́н	apelsin	бы́вший	före detta
аперити́ф	aperitif	быть	att vara
апре́ль	april	бюдже́т	budget
ара́бский	arabisk	бюро́	kontor
аргуме́нт	argument		
арифме́тика	aritmetik	в (+ ack.)	till, på
аспири́н	aspirin	в (+ lok.)	i, på
аэропо́рт	flygplats	вальс	vals
		валю́та	valuta
ба́бушка	farmor; mormor	вам	för er
бага́ж	bagage	ва́нная	badrum
бадминто́н	badminton	Варша́ва	Warszawa
балала́йка	balalajka	варе́нье	sylt
бале́т	balett	вас	er
балко́н	balkong	Вас зову́т ...	Ni heter ...
Ба́лтика	Östersjön	ваш	er (possessiv)
бана́н	banan	веб-ка́мера	webbkamera
банк	bank	вегетариа́нец / -ка	vegetarian
бар	bar	везде́	överallt
бараба́н	trumma	велосипе́д	cykel
баскетбо́л	basket	вера́нда	veranda
бе́гать	att springa	весна́	vår
бейсбо́л	baseboll	ве́чер	kväll
бе́лый	vit	ве́чером	på kvällen
Бе́льгия	Belgien	вещь (f.)	sak
бельэта́ж	första raden	вид	typ, sort; utsikt
бензи́н	bensin	ви́део ка́мера	videokamera
бенуа́р	parterrloge	ви́деть (imp.)	att se

ви́за	visum	глаго́л	verb
визи́тка	visitkort	говори́ть	att säga, tala
вино́	vin	год	år
виолонче́ль	cello	голла́ндский	holländsk
вку́сный	god	Голла́ндия	Holland
вме́сте	tillsammans	гольф	golf
внизу́	där nere	гора́	berg
внима́ние	uppmärksamhet	го́род	stad
внук	sonson; dotterson	горя́чий	het (om mat)
вну́чка	sondotter; dotterdotter	гости́ная	vardagsrum
вода́	vatten	гости́ница	hotell
во́дка	vodka	гость (m.)	gäst
возвраща́ться (imp.)	att komma tillbaka	госуда́рственный	statlig
вокза́л	station, järnvägsstation	граждани́н / -а́нка	medborgare
		гражда́нство	medborgarskap
Во́лга	floden Volga	грамм	gram
волейбо́л	volleyboll	Гре́ция	Grekland
вопро́с	fråga	гри́вна	grivna (Ukrainsk valuta)
воро́та (plural)	port	грузи́н / -ка	en georgier / -iska
восемна́дцать	arton	грузи́нский	georgisk
во́семь	åtta	Гру́зия	Georgien
во́семьдесят	åttio		
воскресе́нье	söndag	да	ja
вот	här är, där är	Да-да!	Ja! (mycket bestämt)
Вот как!	Jaså!	дава́ть (imp.)	att ge
врач	doktor	Дава́й(те)	Låt oss!
вре́мя	tid	давно́	för länge sedan
все	alla	да́же	till och med
всегда́	alltid	Да́йте!	Ge (mig / oss) ... !
всё	allt	далеко́	långt borta
всё в поря́дке	allt är i sin ordning	Да́ния	Danmark
вста́вить (perf.)	att sätta in	да́та	datum
встре́титься (perf.)	att träffas	дать (perf.)	att ge
встре́ча	möte	да́ча	sommarstuga
вто́рник	tisdag	два	två
второ́й	andra	два́дцать	tjugo
вчера́	igår	двена́дцать	tolv
вы	ni	дворе́ц	palats
вы́брать (perf.)	att välja	двухко́мнатный	med två rum
вы́дача багажа́	bagageutlämning	де́вочка	ung flicka
вы́йти за́муж	att gifta sig (om kvinnan)	де́вушка	flicka, fröken
		девяно́сто	nittio
вы́ставка	utställning	девятна́дцать	nitton
вы́ход	utgång	Дед Моро́з	Jultomten
выходно́й день	ledig dag	де́душка / дед	morfar, farfar
		дежу́рная	vakthavande
газ	gas	действи́тельно	verkligen
газе́та	tidning	дека́брь	december
гармо́нь	dragspel	деклара́ция	tulldeklaration
где	var	де́лать (imp.)	att göra
генера́тор	generator	де́ло	sak, affär
Герма́ния	Tyskland	демонстра́ция	demonstration
гита́ра	gitarr	день	dag
гитари́ст	gitarrist	день рожде́ния	födelsedag
гла́вный	huvud-	де́ньги	pengar

дере́вня	by; landsbygd	же	men (med emfas)
деревя́нный	trä-	железнодоро́жный	järnvägs-
десе́рт	dessert	жена́	hustru
де́сять	tio	жени́ться (imp.)	att gifta sig
де́ти	barn (pl.)		(om man och par)
де́тский	barn-	же́нский	kvinno-
де́тский сад	dagis	жето́н	pollett
диало́г	dialog	жить	att leva, bo
дива́н	soffa	жизнь (f.)	liv
диктату́ра	diktatur	журна́л	tidskrift
дирижёр	dirigent	журнали́ст	journalist
для (+ gen.)	för	журнали́стка	kvinnlig journalist
до (+ gen.)	till		
До свида́ния!	På återseende!	забы́ть (perf.)	att glömma
До́брое у́тро!	God morgon!	заводи́ть (imp.)	att starta
До́брый ве́чер!	God kväll!	за́втра	i morgon
дово́льно	ganska	за́втрак	frukost
докуме́нт	dokument	зада́ть вопро́с (perf.)	
до́ктор	doktor (titel)		att ställa en fråga
до́лго	länge		att boka
до́ллар	dollar	зака́зывать / заказа́ть	
дом	hus		att boka, att beställa
до́ма	(att vara) hemma	зако́нчить (perf.)	att avsluta
домо́й	(att gå) hem	закры́т	stängd
домино́	domino	заку́ска	aptitretare
дорого́й	dyr	зал	sal
достиже́ние	framsteg	заливно́й	i gele
дочь	dotter	заме́тка	anmärkning
друг	vän	вы́йти за́муж	att gifta sig (om kvinnan)
друго́й	en annan	за́нят	upptagen
друзья́	vänner	за́падный	väst-, västlig
ду́мать (imp.)	att tänka, att tycka	записа́ть (perf.)	att skriva upp
душ	dusch	запо́лнить (perf.)	att fylla i
дя́дя	farbror, morbror	звони́ть (imp.)	att ringa
		зда́ние	byggnad
Евро́па	Europa	здесь	här
е́вро	euro (sing. och pl.)	Здра́вствуйте!	God dag!
Еги́пет	Egypten	зе́бра	zebra
его́	honom	земля́	jord, jorden
его́	hans	знако́м	bekant
еди́нство	enhet	знако́мый / -ая	en bekant
её	henne	знать	att veta, kunna,
её	hennes		känna till
е́здить (imp.)	att åka (regelbundet)	зна́чит	det betyder
ей	till henne	Зо́лушка	Askungen
ему́	till honom	зоопа́рк	zoo
е́сли	om		
есть	det finns	и	och
е́хать (imp.)	att åka	игра́ть (imp.)	att spela
ещё	ännu, ytterligare	иде́я	idé
		Иди́те!	Gå! Kom!
ёлка	julgran	идти́ (imp.)	att gå
		иена	yen
жа́реный	stekt	из (+ gen.)	från, ut ur
ждать (imp.)	att vänta	изве́стный	välkänd, berömd

Извини́те!	Ursäkta (mig)!	кварти́ра	lägenhet
ико́на	ikon	киломе́тр	kilometer
икра́	kaviar	кино́	bio
и́ли	eller	кинокри́тик	filmkritiker
императи́в	imperativ	кинотеа́тр	biograf
и́мя	namn	кио́ск	kiosk
и́ндекс	se почто́вый и́ндекс	Кита́й	Kina
индустриа́льный	industri-	кита́йский	kinesisk
инициати́ва	initiativ	кла́дбище	kyrkogård
инжене́р	ingenjör	кларне́т	klarinett
иностра́нец / -ка	utlänning	класси́ческий	klassisk
инструме́нт	instrument	клие́нт	kund, klient
интере́сно	intressant (adverb) / det är intressant	кло́ун	clown
		клуб	klubb
интере́сный	intressant	ключ	nyckel
Интерне́т	internet	кни́га	bok
инти́мный	personlig, intim	кни́жный	bok-
инфинити́в	infinitiv	ковёр	matta
инфля́ция	inflation	когда́	när
информа́ция	information	колбаса́	korv
Ирла́ндия	Irland	колле́га	kollega
Испа́ния	Spanien	коло́дец	brunn
испа́нский	spansk	командиро́вка	affärsresa
Ита́лия	Italien	комите́т	kommitté
италья́нский	italiensk	комме́нта́рий	kommentar
их	deras	ко́мната	rum
июль	juli	компа́кт-ди́ск	CD-skiva
июнь	juni	компью́тер	dator
		коне́ц	slut
йо́гурт	yoghurt	коне́чно	naturligtvis
		консульта́нт	konsulent
к (+ dat.)	till; mot	контраба́с	kontrabas
к нам	till oss	контро́ль (m.)	kontroll
к сожале́нию	tyvärr	конча́ться (imp.)	att sluta
ка́ждый	varje	конья́к	konjak
ка́жется	det verkar	Коре́я	Korea
как	hur	коридо́р	korridor
Как дела́?	Hur är det?	коро́ль (m.)	kung
Как жаль!	Så synd!	космона́вт	kosmonaut
как-то раз	det var en gång	ко́смос	rymden, kosmos
како́й	hurdan, vilken	костёр	öppen eld, bål
калькуля́тор	miniräknare	котле́ты	pannbiffar; kotletter
ками́н	kamin, öppen spis	Кото́рый час?	Hur mycket är klockan?
камко́рдер	videokamera	котте́дж	villa
кана́л	kanal	ко́фе (m. / n.)	kaffe
ка́рта	karta	краси́вый	vacker
карти́на	bild	кра́сный	röd
ка́рточка	kort	креди́тный	kredit-
карто́фель (m.)	potatis	кремль (m.)	kreml
карто́шка	potatis (informellt)	кре́сло	fåtölj
каска́д	kaskad	кре́йсер	kryssare
ка́сса	kassa	кри́зис	kris
катего́рия	kategori	крите́рий	kriterium
кафе́	kafe	ксе́рокс	kopieringsapparat
квалифика́ция	kvalifikation	кто	vem

Ру́сский	Svenska	Ру́сский	Svenska
Ку́ба	Kuba	мину́точку!	ett ögonblick!
куда́	vart	ми́нус	minus
культу́рный	kultur-, kulturell	ми́тинг	demonstration
купи́ть (perf.)	att köpa	мне	för mig
кури́ть (imp.)	att röka	мно́го	mycket
курс	kurs	моби́льник	mobiltelefon
ку́хня	kök	моби́льный	mobil
		моде́ль (f.)	modell
Ла́дно!	Okej!	мо́жет быть	kanske
ла́мпа	lampa	мо́жно	möjligt
ле́вый	vänster-	мой	min
легко́	det är lätt	молоде́ц	duktig pojke / flicka
лес	skog	молодо́й	ung
ле́то	sommar	молоко́	mjölk
лимо́н	citron	монасты́рь (m.)	kloster
лимо́нный	citron-	моро́з	frost
лифт	hiss	моро́женое	glass
лови́ть ры́бу (imp.)	att fiska	моско́вский	Moskva-
ло́жа	loge (på teatern)	мост	bro
лосо́сь (m.)	lax	мотоци́кл	motorcykel
луна́	måne	мочь	att kunna
лу́чше	bättre	муж	make
лы́жи	skidor	мужчи́на	man
лэпто́п	laptop	музе́й	museum
люби́ть (imp.)	att älska	му́зыка	musik
любо́вь (f.)	kärlek	музыка́льный	musikal
		музыка́нт	musiker
мавзоле́й	mausoleum	мультфи́льм	tecknad film
магази́н	affär	мы	vi
май	maj		
ма́ло	lite, inte mycket	на (+ ack.)	till
маргари́н	margarin	на (+ lok.)	på
март	mars	на по́езде	med tåg
ма́сло	olja; smör	на са́мом де́ле	i själva verket
масшта́б	skala	наве́рно	antagligen
мать	mor	наве́рх	upp
ме́бель (f.)	möbler	наверху́	uppe
медбра́т	sjuksköterska (m.)	на́дпись (f.)	skylt
медве́дь (m.)	björn	нажа́ть на (perf.)	att trycka på, att klicka på
ме́диа-пле́ер	mediaspelare	наза́д	tillbaka
медпу́нкт	första hjälpen-plats	найти́ (perf.)	att finna
медсестра́	sjuksköterska (f.)	назва́ние	namn (på städer etc.)
междунаро́дный	internationell	Наконе́ц!	Äntligen!
мемора́ндум	memorandum	нале́во	till vänster
ме́неджер	manager	напи́сано	skrivet
меню́	meny	напи́тки	drycker
меня́	mig	напра́во	till höger
Меня́ зову́т ...	Jag heter ...	наприме́р	till exempel
ме́тод	metod	напро́тив	mitt emot
ме́сто	plats	нарко́тик	drog, narkotika
ме́сяц	månad	наро́д	folk
метро́	tunnelbana	наро́дный	folk-
мечта́	en dröm (om framtiden)	настоя́щий	nuvarande
миллионе́р	millionär	натура́льный	natur-, naturlig
минера́льный	mineral-	находи́ться (imp.)	att befinna sig

Ruslan 1. Rysk-Svensk ordlista

национа́льный	nationell	орга́н	orgel
нача́ло	början	организа́ция	organisation
начина́ться (imp.)	att börja	орке́стр	orkester
наш	vår	осетри́на	störfisk
не	inte	останови́ться (perf.)	att stanna
Не на́до!	Det behövs inte!	от (+ gen.)	från, av
недалеко́	inte långt borta	отве́т	svar
неде́ля	vecka	отдыха́ть (imp.)	att vila
незави́симость (f.)	oberoende	оте́ц	far
нельзя́	inte möjligt, inte tillåtet	оте́чество	fosterland
не́мец / не́мка	en tysk / en tyska	откры́т	öppen
неме́цкий	tysk	отли́чно!	utmärkt!
немно́жко	lite grann	отправле́ние	avgång
нет	nej	отсю́да	härifrån
Нет-нет!	Nej! (mycket bestämt)	о́тчество	fadersnamn
нефть (f.)	olja	о́фис	kontor
ничего́	ingenting; det är ok	офице́р	officer
но	men	официа́нт	kupare, servitör
но́вый	ny	официа́нтка	servitris
ноль	noll	о́чень	mycket
но́мер	hotellrum; nummer		
ноутбу́к	notebook (dator)	парк	park
ноя́брь	november	парте́р	parkett
нра́виться (imp.)	att behaga	партнёр	partner
ну!	jaha!	парфюме́рия	parfymeri
ну́жен	nödvändig	па́спорт	pass
		па́спортный	pass-
о (+ lok.)	om	пассажи́р	passagerare
о себе́	om sig själv	пельме́ни	degknyten
обе́д	lunch, middag	пе́рвый	först
обе́дать (imp.)	att äta lunch, middag	перево́д	översättning
обме́н	utbyte	перево́зка	transport
обсуди́ть (perf.)	att diskutera	переговорная комната	
объе́кт	objekt		samtalsrum
обы́чный	vanlig	переры́в	paus
о́вощ	grönsak	перестро́йка	perestrojka
овся́нка	havregrynsgröt	переу́лок	tvärgata, gränd
огоро́д	köksträdgård	перехо́д	övergång;
оде́жда	kläder		övergångsställe
оди́н	ett, ensam	пери́од	period
оди́ннадцать	elva	пешко́м	till fots
однокомнатный	enrums-	печь (f.)	spis
о́зеро	sjö	пиани́но	piano
окно́	fönster	пи́во	öl
окро́шка	kall soppa	пиро́г	pirog
	(gjord på kvass)	пи́сьменный	skriv-
октя́брь	oktober	письмо́	brev
он	han, den, det	пла́вать (imp.)	att simma
она́	hon, den, det	план	karta; plan
оно́	den, det	плане́та	planet
они́	de	племя́нник	systerson; brorson
о́пера	opera	племя́нница	systerdotter; brorsdotter
опла́та	betalning	пло́хо	dåligt
опла́чивать	att betala	плохо́й	dålig
оптими́ст	optimist	пло́щадь (f.)	torg

Ryska	Svenska	Ryska	Svenska
плюс	plus	практика	praktik
по (+ dat.)	längs	предложение	mening
по-английски	på engelska	президент	president
по-русски	på ryska	прекрасно	fantastiskt, underbart
по делу	i affärer	прибытие	ankomst
по поводу (+ gen.)	med anledning av	привет	hälsning
победа	seger	Привет!	Hej!
мне повезло	jag hade tur	приглашать (imp.)	att inbjuda
погреб	förvaring under golvet	приезд	ankomst (med transport)
подарок	present	Приезжайте!	Kom och hälsa på!
подвал	källare	приехать (perf.)	att komma (resande)
подпись (f.)	underskrift	прилёт	flygankomst
подруга	väninna	Принесите!	Kom med ... !
поезд	tåg	принимать	att ta emot
Пожалуйста!	Varsågod!	приносить (perf.)	att hämta, komma med
позвонить (perf.)	att ringa	принтер	skrivare
поздно	det är sent	прихожая	hall, tambur
Пойдёмте!	Låt oss gå!	приятно	trevligt, angenämt
пока	medan	Приятного аппетита!	Smaklig måltid!
Пока!	Vi ses senare!	проблема	problem
покупать (imp.)	att köpa	провинциальный	provinsiell
поликлиника	vårdcentral	программа	program
политический	politisk	программист	programmerare
полиция	polis	программка	teaterprogram
полка	hylla	продолжение	fortsättning
польский	polsk	продукты	mat
Польша	Polen	проект	projekt
помидор	tomat	пропуск	passerkort
помнить (imp.)	att minnas	просить (imp.)	att be om
помощь (f.)	hjälp	прослушать (perf.)	att lyssna på
понедельник	måndag	проспект	aveny
поннимать (imp.)	att förstå	Простите!	Förlåt!
Пора ...	Det är dags ...	профессиональный	professionell, yrkes-
Португалия	Portugal	профессия	yrke
портфель (m.)	portfölj	профессор	professor
порядок	ordning	прочитать (perf.)	att läsa
после (+ gen.)	efteråt	Проходите!	Kom in!
посмотреть (perf.)	ta en titt på	прохожий	manlig förbipasserande
построить (perf.)	att bygga	прохожая	kvinnlig förbipasserande
посылать (imp.)	att skicka, att sända	процент	procent
потом	sedan	прямо	rakt fram
потому что	därför att	пьеса	pjäs
похоронен	begravd	пятнадцать	femton
почему	varför	пятница	fredag
почта	postkontor	пять	fem
почтальон	brevbärare	пятьдесят	femtio
почти	nästan		
почтовый индекс	postnummer	работа	arbete
пояс	se часовой пояс	работать (imp.)	att arbeta
прав	rätt	рад	glad
правда	sanning	радио	radio
правда?	eller hur?	раз	gång
Правда	Pravda (tidning)		
правильный	korrekt, riktig		
праздник	helg		

рай	paradis	семинáр	seminarium
рáно	tidigt	семнáдцать	sjutton
рáньше	tidigare	семь	sju
рассказáть (perf.)	att berätta	сéмьдесят	sjuttio
революция	revolution	семья́	familj
регистрáция	registrering, incheckning	сентя́брь	september
		сертификáт	certifikat
рейс	flygresa	сестрá	syster
рекá	flod	сибирский	sibirisk
ремóнт	reparation	Сибирь (f.)	Sibirien
репортёр	reporter	сидéть	att sitta
ресторáн	restaurang	системa	system
речнóй	flod-	Скажите!	Säg!
Рим	Rom	сказáть (perf.)	att säga
рóдственник / -ца	släkting	скóлько	hur mycket
рождéние	födelse	Сколько стóит?	Hur mycket kostar det?
Рождествó	jul	скорéе	snabbare
роль (f.)	roll	Скорéе!	Skynda dig!
романтично	romantiskt	скрипка	fiol
Россия	Ryssland	слáдкий	söt
российский	ryssländsk	слéва	till vänster
роя́ль (m.)	flygel	слéдовать	att följa
рубль (m.)	rubel	словáрь	ordlista
рýпия	rupie	слóво	ord
рýсский	rysk	слýшать (imp.)	att lyssna på
рыба	fisk	слы́шать (imp.)	att höra
рынок	marknad	слы́шно	hörbart; det hörs
рюкзáк	ryggsäck	смартфóн	smartphone
ряд	rad	смотрéть (imp.)	att titta på
ря́дом	bredvid, närliggande	снáчала	först
		снег	snö
с (+ instr.)	med	собирáться (imp.)	att samlas; att ämna
с (+ gen.)	från	собóр	katedral
сад	trädgård	совéтский	sovjetisk
Садитесь!	Sätt er!	совсéм	helt
саксофóн	saxofon	содержáние	innehåll
салáт	sallad	сок	juice
самовáр	samovar	солист	solist
самолёт	flygplan	соловéй	näktergal
сáнки	kälke	соля́нка	kött- eller fisksoppa
сапóг	stövel	сóрок	fyrtio
сарáй	skjul	сóтовый телефóн	mobiltelefon
свéтлый	ljus	сóус	sås
свобóдный	ledig, fri	спáльня	sovrum
свой	min egen, hans egen etc.	спасибо	tack
		спать	att sova
святóй	helig; helgon	спектáкль (m.)	föreställning
сегóдня	idag	специалист	specialist
сегóдня вéчером	i kväll	Спокóйной нóчи!	God natt!
сейф	kassaskåp	спóнсор	sponsor
сейчáс	nu; ett ögonblick	спорт	sport
секрéт	hemlighet	спрáва	till höger
секретáрь (m.)	sekreterare	спрáшивать (imp.)	att fråga
секрéтный	hemlig	средá	onsdag
селёдка	sill	стадиóн	stadion

Ruslan 1. Rysk-Svensk ordlista

станция	station	только	bara
старый	gammal	томатный	tomat-
статус	status	традиционный	traditionell
стена	vägg	тракторист	traktorförare
стихотворение	dikt	трамвай	spårvagn
сто	etthundra	транзит	transit
стоить	att kosta	три	tre
стол	bord	тридцать	trettio
столик	litet bord	тринадцать	tretton
столица	huvudstad	триста	trehundra
столовая	matsal	тройка	trojka, trespann
стоянка такси	taxistation	троллейбус	trådbuss
страна	land	тромбон	trombon
страница	sida	труба	trumpet
студент / -ка	student	труд	(kropps-)arbete
стул	stol	туалет	toalett
стулья	stolar	туда	dit, ditåt
стюардесса	flygvärdinna	туризм	turism
суббота	lördag	турист / -ка	turist
сувенир	souvenir	туркменский	turkmenisk
сумка	väska	ты	du
суп	soppa		
счёт	nota	у вас	hos er, ni har
сын	son	у меня	hos mig, jag har
США	USA	удобный	bekväm
сыр	ost	удобство	bekvämlighet
сюрприз	överraskning	удовольствие	nöje
		уже	redan
табло	tablå	ужин	kvällsmat
так	så	ужинать (imp.)	att äta kvällsmat
также	också	узнать (perf.)	att få veta
такси	taxi	Украина	Ukraina
таксист	taxichaufför	украинец / -ка	ukrainare / -ska
таксофон	allmän telefon	украинский	ukrainsk
там	där	улица	gata
таможенник	tulltjänsteman	на улице	på gatan / utomhus
таможня	tull	улыбаться (imp.)	att le
таракан	kackerlacka	универсальный	universell
твой	din	университет	universitet
театр	teater	упражнение	övning
текст	text	устал	trött
телебашня	tv-torn	утро	morgon
телевизор	tv-apparat	утром	på morgonen
телеграф	telegrafstation	учитель	lärare
телекс	telex		
телефон	telefon	факс	fax
теннис	tennis	факт	faktum
терминал	terminal	фамилия	efternamn
терминология	terminologi	февраль (m.)	februari
теперь	nu	фирма	firma
тётя	moster, faster	флаг	flagga
технология	teknologi	флейта	flöjt
типичный	typisk	фойе	foajé
тогда	då; i så fall	форель (m.)	öring
тоже	också	фотоаппарат	kamera

фотогра́фия	fotografi
Фра́нция	Frankrike
францу́зский	fransk
фрукт	frukt
фрукто́вый	frukt-
фунт	pund
футбо́л	fotboll
футболи́ст	fotbollsspelare
хлеб	bröd
ходи́ть (imp.)	att gå (regelbundet)
хозя́йство	ekonomi
хокке́й	ishockey
холоди́льник	kylskåp
холо́дный	kall
хор	kör
хоро́ший	god, bra
хорошо́	bra
хоте́ть (imp.)	att vilja (ha)
храм	tempel
худо́жественный	konst-, konstnärlig
царь	tsar
цветно́й	färg-
цель (f.)	syfte
цеме́нт	cement
центр	centrum
центра́льный	central
цирк	cirkus
ци́фра	siffra
цыплёнок	kyckling
чай	te
час	timme / klockan ett
часово́й по́яс	tidszon
ча́сто	ofta
челове́к	människa
чемода́н	resväska
чемпио́н	champion
черда́к	vind (i huset)
четве́рг	torsdag
четы́ре	fyra
четы́рнадцать	fjorton
чёрный	svart
число́	datum; nummer
чита́ть	att läsa
чте́ние	läsning
что	vad
Что тако́е ...?	Vad är ...?
шампа́нское	champagne
ша́пка	mössa
ша́хматы	schack
Швейца́рия	Schweiz
Шве́ция	Sverige
швед / -ка	svensk / svenska
шве́дский	svensk (adj.)
шестна́дцать	sexton
шесть	sex
шестьдеся́т	sextio
шко́ла	skola
шокола́д	choklad
Шотла́ндия	Skottland
шофёр	chaufför, förare
шту́ка	stycke
Щелку́нчик	Nötknäpparen
щи	kålsoppa
эконо́мика	ekonomi
эконо́мист	ekonom
экску́рсия	exkursion
экспе́рт	expert
экспре́сс	express
электри́чество	elektricitet
электро́нная по́чта	e-post
эскала́тор	rulltrappa
эта́ж	våning
э́то	detta
эффе́кт	effekt
юа́нь	yuan (kinesisk valuta)
ю́мор	humor
юри́ст	advokat
я	jag
я́блоко	äpple
я́года	bär (subst)
янва́рь	januari
Япо́ния	Japan
япо́нский	japansk
я́рус	rad (på teatern)

Ruslan 1. Rysk-Svensk ordlista

Lär dig mer Ryska med...

Ruslan Ryska 2
10 lektioner där vi fortsätter följa våra vänner från Ruslan Ryska 1. Europarådets nivå A2.
Ruslan Ryska 2 Textbok   ISBN 9781899785599
Ruslan 2 Övningsbok   ISBN 9781899785230

Ruslan Ryska 3
10 lektioner fyllda med historisk och kulturell information. Vi får följa Ruslans karaktärer när deras äventyr fortsätter i Sibirien. Europarådets nivå B1 och B2.
Ruslan Ryska 3 Textbok   ISBN 9781899785681
Ruslan Ryska Set med 3 CD   ISBN 9781899785414

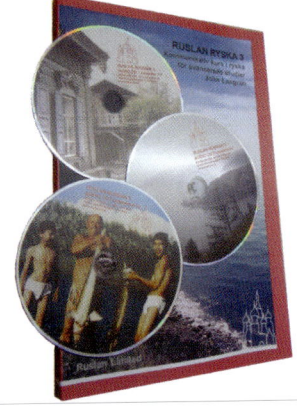

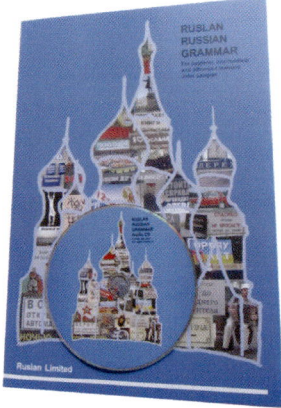

Och på engelska:
The Ruslan Russian Grammar
An interactive presentation bringing together the grammar of the three levels of the Ruslan course and adding greater detail. 256 pages of explanations, pictures, songs, poems and exercises, with audio and answers online.
Ruslan Russian Grammar ISBN 9781899785742

The Ruslan Russian Songbook
24 folk songs, romances, war songs and songs from films of the 1930s and 1940s, sung by students from the Gnessins Music College in Moscow. Notes, vocabularies, translations and an audio CD.
Ruslan Russian Songbook   ISBN 9781899785261

www.ruslan.co.uk